静岡

静岡新聞社

はじめに

明治中期に浜名湖周辺で始まった静岡県の養鰻業は、大正後期から昭和四十年代にかけて規模を拡大する。最盛期には、県内産地だけで全国シェアの七割を占め、「うなぎ王国」の名をほしいままにした。現在、生産量では鹿児島県にトップの座を譲ったものの、うまさと知名度の高さにおいては、やはり「静岡うなぎ」に一日の長がある。百年の歴史はだてじゃない。本書では、県内の激戦区でしのぎを削る、うなぎの名店を紹介するとともに、謎に包まれたうなぎの生態や、養鰻業界の歩みなどにスポットを当てた。ページを繰れば、甘く芳しい蒲焼きの香りが、プンと漂ってくるかもしれない。くれぐれも、空腹時の立ち読みにはご注意を。

目次

※本書は平成17年6月現在の情報をもとに編集したもので、内容に変更が生じる場合があります。

どうまい うなぎを 食べたい

県内で「うなぎの名店」と呼ばれる60軒を紹介。
本場ならではのうまさを、たっぷりご堪能あれ。

住 住所 営 営業時間 休 定休日 P 駐車場 席 席数（カウンター/テーブル/小上がり/座敷） メ メニュー マ マップページ

活うなぎ本来の風味をわさびとしょうがの薬味が引き立てる逸品

老舗らしい純和風の重厚な店構え。室内も落ち着いた雰囲気

あつみ

Tel 053・455・1460

浜名湖風（一気にさばく背開き/蒸さない）

老舗で味わう地元伝統の味

創業明治四十五年、浜名湖の伝統的な調理法を受け継いで現在四代目。活うなぎのみを扱い、裂くのは注文を聞いてから。包丁をためず、ひと息でさばくため、骨が口にあたらず、また新鮮な身の甘さと香りは絶品。肝吸の肝のうまさからも、うなぎをこよなく愛する想いが伝わる。

住 浜松市千歳町70　営 11:30～14:00、17:15～19:40（売り切れ次第終了）　休 水曜日（月1回連休あり）　P なし　席 テ10　座32　メ うな丼2100円～、うな重2625円、骨あげ525円　マ P49

八百徳本店《やおとくほんてん》

Tel 053・452・5687

関東風

創業明治42年、うなぎひと筋

老舗店らしく、地元の味を大切に考え、うなぎは浜名湖産にこだわる。創業から引き継がれたタレはほんのり甘く、蒸して余分な脂が抜けたうなぎは、身も皮もとろっとした口当たり。名物「お櫃うなぎ茶漬け」は登場以来二十五年余になり、地元はもちろん、遠方のファンも多い。

浜松にうな茶あり！と広めたメニュー。だし入りのお茶と蒲焼きが絶妙

住 浜松市板屋町252　営 11:00～20:15（OS）　休 月曜日、第1火曜日　P 契約駐車場あり（40分）　席 テ44、座76　メ うな重2310円、肝焼630円、白焼き1575円　マ P49

うな炭亭《うなすみてい》

Tel 053・451・3131

関東風

上質の備長炭で焼き続け60年

厳選したうなぎは、毎朝ご主人が試食して納得したいいものを使用。自家製のタレは毎年冬場四カ月をかけて、一升瓶に約千本仕込み、一年間寝かせてからカメに継ぎ足して使う。熟成させた少し甘めのタレと炭火で焼かれた蒲焼きは、パリッと香ばしく、口当たりふっくら。

うな丼、まぶし丼、お茶漬けと、3つの味を贅沢に楽しめる

住 浜松市砂山町354-1　営 11:15～14:00、16:30～20:00　休 水曜日の夜の部、木曜日　P 12台　席 テ12、座80　メ うな重（上）2000円、白焼き丼2300円、うなぎづくしコース4700円～　マ P49

コスタ浜名湖《こすたはまなこ》

Tel 053・454・2032

関東風

純浜名湖産うなぎのみ使用

JR浜松駅の構内にある「浜名湖養魚漁業協同組合」の直営店。浜名湖産うなぎのみを使用した蒲焼きは、たっぷりと厚みがあり、蒸しをしっかり効かせているので皮までやわらかい。脂ののりも抜群で、口の中でとろけるような食感が楽しめる。タレは関西を意識したほのかな甘口。

食事のほか、売店では土産用の蒲焼きや白焼きなども用意

住 浜松市砂山町322-1コスタ西館　営 11:00～20:00（売店は9:00から）　休 不定休（年3回程度）　P なし　席 カ16、テ42　メ うな重（上）2625円、うな丼1575円、うな丼定食1890円　マ P49

大國屋鰻店《だいこくやうなぎてん》

Tel 053・452・0859

関東風

秘伝のタレに老舗の風格

創業大正三年、うなぎ専門の老舗。昔ながらの調理方法で仕上げるうな重が評判だ。大きな瓶に寝かされた秘伝のタレは、初代から受け継いだもの。うなぎの旨味とからんで絶妙なハーモニーを奏でる。サクッとした衣とふっくらやわらかな食感が身上の、うなぎの天ぷらも人気。

タレはやや甘口。美しい照りと香ばしい匂いが食欲をそそる

住 浜松市田町324-16　営 11:00～14:00、16:00～20:00　休 月曜日　P なし　席 テ32、座25　メ うな重（上）1995円、うなぎの白焼き1260円、うなぎの天ぷら1260円　マ P49

食べる寸前に開くからこその身のやわらかさを心ゆくまで味わえる

住 浜松市小豆餅2-29-33　営 11:30～14:00、17:00～20:00
休 木曜日、第3水曜日　P 5台　席 カ10、座4　メ うなぎ土佐1800円、うなぎ塩焼き1700円、うな刺し（1/2）900円　マ P50

なかや

Tel 053・437・3268

関東風

客前で豪快にさばく技必見

活うなぎにこだわるご主人は、注文が入ってからしか開かない。そのダイナミックな手さばきを目の前で見られ、自分の注文がどの段階かひと目で分かるため、気さくなご主人と気軽に話しながら待つのも楽しみのひとつ。土佐酢と薬味で食べる「うなぎ土佐」もあっさり味が人気。

浜松市

口の中でじゅわっとうまさが広がるうな重上と肝焼きの充実セット

住 浜松市小豆餅4-7-28　営 11:30～13:30、17:30～20:00　休 月曜日　P 15台　席 カ15、座29　メ うなわさ（中）1470円、（大）1680円、加和奈定食2625円、う巻525円　マ P50

加和奈《かわな》

Tel 053・473・7929

関西風

関西風の技が随所に冴える

脂がのって炭火焼きに合う最高級のうなぎを厳選。鮮度が肝心と、店で活かしたうなぎを注文が入ってからさばく。蒸さずに備長炭で地焼きするから、身はふっくらと芯から焼け、外はカリッ、中はとろけるやわらかさ。わさびじょうゆで食べる「うなわさ」もお薦め。

うなぎ藤田《ふじた》 浜松店《はままつてん》

Tel 053・438・1515

関東風

うな重（山）2300円

長年培われた老舗ならではの秘伝のタレが鼻をくすぐる蒲焼きを堪能

深蒸しでふっくら上品な風味

創業明治二十五年、うなぎの行商から始まった藤田。うなぎは滋味豊かな国内産にこだわり、じっくり蒸し上げてから、備長炭で香ばしく焼き上げる。余分な脂が落ちてふっくらとした身に、甘さを控えたタレがよく合う。箸がすっと通るやわらかさと口の中に広がる香りにうっとり。

住 浜松市小豆餅3-21-12　営 11:30〜14:00、17:00〜21:00　休 第3木曜日（祝日の場合は営業）　P 25台　席 カ6、テ36、座100　メ 肝やき600円、白焼1750円、う巻950円　マ P50

うなぎ専門店《せんもんてん》うな茂《しげ》

Tel 053・437・3741

関西風

鰻菜セイロ1410円

ホカホカご飯の上に、蒲焼きと山菜がたっぷり。全体を混ぜていただく

二種類のタレを使い分け

注文を受けてから、裂いて焼く関西風の「活うなぎ料理」にこだわる。中はふんわり、まわりはカリッと香ばしい。うな重は全体が脂っぽくならないように、蒲焼きとご飯でタレを使い分けている。野沢菜や竹の子を取り入れた「鰻菜セイロ」など、アイデアメニューも人気。

住 浜松市葵西5-6-36　営 11:00〜14:00、16:30〜20:30　休 火曜日　P 10台　席 テ14、座30　メ うなぎ釜飯茶漬1890円、うなぎセイロ1780円、うな重1290円、うな丼1050円　マ P51

うな重（梅A）2300円

うなぎの香りを飛ばさないよう、蒸し時間にも気を配る

肉厚の蒲焼きをたっぷり盛った「まぶし茶漬」2100円

うなぎ割烹 康川 雄踏店《うなぎかっぽうやすかわゆうとうてん》

Tel 053・596・1888

関東風

醸造醤油でタレが上品に

うなぎ問屋「浜松カワショウ」の直営店。養鰻場直送の活うなぎが手頃な価格で味わえる。蒲焼きのタレは二年ものの醸造醤油を使ったさっぱり仕上げ。口の中に上品な香ばしさが広がる。平日ランチから豪華な鰻懐石までメニューの幅は広い。浜松西IC近くの三方原店が本店。

住 浜松市雄踏町宇布見4863-190　営 11:30～15:00、17:00～21:00（日曜、祝日は終日営業）　休 水曜日、第3木曜日　P 60台
席 座130　メ うな重（梅B）2500円、康川華定食1450円　マ P51

炭焼うなぎ《すみやきうなぎ》　うな吉《うなきち》

Tel 053・437・0549

関西風

肉厚うなぎに濃厚なタレ

うなぎ問屋で修業を積んだご主人は素材選びに妥協がない。うなぎは注文を受けてからさばき、炭火でじっくり焼く。音を立てて火花が跳ねるのは、脂がしっかりのっている証拠。表面はパリッ、歯ごたえはサクッ。ふっくらとした肉厚の身に、甘辛い濃厚なタレがよく合う。

150年以上前から継ぎ足してきた秘伝のタレがおいしさの秘密

住 浜松市三方原町2142-9　営 11:00～14:00、17:00～20:30　休 月曜日　P 25台　席 カ5、テ80　メ うな丼1575円、レディース定食2100円、うなぎまぶし茶漬け2415円　マ P51

うな修《うなしゅう》

Tel 053・487・2438

関東風

浜名湖畔に佇むうなぎ専門店

余分な作り置きはせず、活きたうなぎだけを使うため、弾力のある身は蒸しても焼いても崩れない。じっくり十分ほど蒸したうなぎは、ふっくらふんわりと仕上がり、ほんのり甘めのタレがよく合う。ご飯の中にもうなぎが隠れている「うなぎサンド」は二匹分とボリューム満点。

重箱いっぱいにぎゅっと詰まってこの値段は太っ腹。食べごたえ十分

住 浜松市舘山寺町3284-3　営 11:30～15:00、17:30～19:30　休 木曜日（祝日の場合は営業）　P 10台　席 テ16、座40　メ うな重（並）1600円、うなぎサンド3300円、うな丼（松）1300円　マ P51

写真は白タレ（白しょうゆで作ったタレ）だが、黒タレも選べる

店内はこぢんまりとしているが、清潔感が漂う

浜章《はましょう》

Tel 053・486・1353

大名開き（開く前に血抜き/蒸さない）

昔の味、九州の青うなぎ

大分県、宮崎県佐土原、熊本県を中心とした九州産青うなぎを厳選。薬を使わず、安全に育てられたうなぎだけを仕入れ、たっぷりの地下水で三日間泳がせて臭みを抜く。血抜きした身は透き通った乳白色。濃厚なうまみが地焼きで閉じこめられ、風味豊かな昔ながらの味に感激。

住 浜松市和地町4767-2 営 平日は11:30～14:00、土日祝は夏季11:30～日没頃、冬季11:30～18:00頃（予約時に応相談） 休 金曜日（鰻の素材が悪い日は休業、電話予約が確実） P 6台 席 座28 メ 蒲焼き1本1500円（持ち帰り専用） マ P51

うなぎのむらこし

うなぎの村こし

Tel 053・456・5454

関東風

伝統の味をお洒落に楽しむ

明治十年創業の老舗、中川屋の支店。竹を使った和洋折衷の内装と明るいオープンキッチンが女性に人気だ。うなぎは地下90《メートル》から汲み上げた天竜川の伏流水で締め、独自の「活かし」と「焼き方」でふっくら香ばしく仕上げる。名物「うなぎとろろ茶漬け」はクセになる一品。

蒲焼きと白焼き、2つの味が楽しめるお得なセットメニュー

住 浜松市東田町10-1-1　営 11:00～14:00、17:00～20:00（OS）　休 水曜日（祝日の場合は営業）　P 6台　席 カ6、テ16、座16　メ うなぎとろろ茶漬け2700円、うな重1750円、浜名湖丼2000円、特上二段重3880円　マ P49

浜松市

かがわ

佳川

Tel 053・464・5300

関東風

独特の溶岩焼きが決め手

養鰻業を営む初代がおこした店だけに、素材を見る目は確か。「安心して召し上がっていただきたい」と、国産うなぎにこだわる。味のポイントは白焼きにする段階での溶岩焼き。高温に加熱した溶岩は、炭火に近い遠赤効果でこんがり＆ふっくら。日本庭園を愛でながらゆったりと。

香ばしい蒲焼きは染み込んだ甘めのタレでご飯もお酒もすすむ

住 浜松市船越町53-4　営 11:00～14:30、17:00～20:30（OS）（日曜・祝日は休憩なし）　休 水曜日（祝日は営業、翌日休み）　P 30台　席 テ20、座104　メ 蒲焼定食3000円、鰻ぷく茶漬け2200円　マ P50

川〼《かわます》

Tel 053・463・3606

関西風

香ばしい皮が食欲をそそる

注文を聞いてから活うなぎをさばき、蒸さずに備長炭で丁寧に直焼きする。微妙な火力調節は長年の勘のなせる技。表面はこんがり色づき、身はホクホクとやわらか。パリッとした皮のおいしさも格別だ。すべて手作業なので混雑時には少々時間がかかるが、待つ価値は十分。

うなぎは1本を長いまま焼き最後にカット。秘伝のタレは80年もの

住 浜松市西塚町324-1　営 11:30～13:30、17:00～20:00
休 月曜日　P 10台　席 カ10、座10　メ 特うな重2400円、上特重3900円、蒲焼御飯2400円　マ P50

かんたろう

Tel 053・464・6323

関西風

うなぎ、米、水にこだわる

注文後に活うなぎを手早くさばき、備長炭でカリッと焼きあげる。手際の良さはベテラン職人ならでは。うなぎの質はもちろんのこと、ご飯は秋田県産のあきたこまちや新潟県産の減農薬コシヒカリ、お吸い物は電解水でつくった軟水を使うなど、すべての食材にこだわりが。

表面と皮のカリッとした歯ざわりが身上。蒲焼きか白焼きか選べる

住 浜松市飯田町616-2　営 11:00～14:00、17:00～20:00
休 月曜日・月1回不定休あり　P 20台　席 カ12、テ20、座20
メ うな重1995円、蒲焼き1575円、こがね焼き630円　マ P50

うな重、肝焼き、吸い物などがつくお得なセットメニュー

大葉とタマネギをのせた、あっさり仕立ての「白焼きサラダ」1500円

本格活鰻料理専門店《ほんかくいきうなぎりょうりせんもんてん》うな光《うなみつ》

Tel 053・464・8834

関西風

裂きたて焼き上がりふっくら

うなぎは厳選した国産、米はコシヒカリ、炭は備長炭。うなぎの美味しさを徹底的に追求する店だ。どんなに忙しくても、注文を受けてから活きたうなぎをさばく。ふっくらと盛り上がった蒲焼きは、風味、歯ざわりともにパーフェクト。ほのかに漂う炭の香りも食欲をそそる。

住 浜松市上西町1319　営 11:00～14:00、17:00～19:30（OS）　休 月曜日、木曜日の夜　P 7台　席 カ5、座30　メ うな重（特選）2300円、うな重（特中）2100円、白焼き1500円、うなぎ珍酒150円　マ P50

期間限定、天然もののうな重

うな康《うなこう》

Tel 053・454・0808

関東風

天然ものを味わえる稀少店

五月から十一月頃にかけて浜名湖産の天然ものを扱うことで知られる。養殖と比べ、脂があっさりしているため、その食べやすさにファンが足繁く通う。入荷がない場合もあるので、電話してからが確実。蒲焼きのタレは三回ほど繰り返しつけながら焼くので味がしみている。

住 浜松市広沢3-26-11　営 11:00〜14:00、17:00〜20:00　休 月曜日　P 5台　席 カ5、テ4、座8　メ うな丼（並）1600円、（上）1900円、うな重（並）1700円、（上）2000円　マ P49

1.5人前というボリュームだが、女性でもペロリといけるうまさが人気

鰻昇亭《まんしょうてい》

Tel 053・425・4026

関東風

コクとさっぱり感が絶妙

「うなぎとタレとご飯、このシンプルな組み合わせの妙を味わってほしいから」と、米の品質やブレンドにも、素材の吟味に厳しい姿勢を崩さない。香ばしく焼き上がったうなぎは、口の中でほろっと溶けるやわらかさ。コクがあるのにしつこくないタレは、後味の良さが魅力。

住 浜松市下江町454　営 11:00〜21:00（OS20:30）　休 水曜日、第3木曜日　P 45台　席 カ5、座120　メ うな重（竹）2400円、（梅）1980円、白焼き1700円、とんかつ1500円　マ P50

最初はうなぎご飯、次にだしをかけ、最後にとろろをかけて3つの味わい

中川屋《なかがわや》

Tel 053・421・0007

関東風（焼く前に蒸す）

独自の活かしがうまさの秘訣

創業百二十七年、タレは創業以来継ぎ足してきた。中川屋独自の活かしがうなぎ本来のうまさを引き出す。地下から汲み上げた天竜川の伏流水で、うなぎを三日間ほど活かすことで、臭みがきれいに抜ける。タレと煙でほどよく燻された蒲焼きはうまみを増し、後を引く味わい。

客席はすべて座敷。老舗ならではの落ち着いた佇まいが感じられる

住 浜松市中野町861-2 営 11:00〜14:00、17:00〜19:30 休 7日、17日、18日、27日（土日祝は営業） P 10台 席 座60 メ 上うな重2500円、浜名湖丼2000円、白焼き定食2700円 マ P50

うなぎ大嶋《うなぎおおしま》

Tel 053・447・3656

関東風

市場に出ないブランドうなぎ

天然に近い環境で育てられた「共水マル特うなぎ」を使用。豊富な大井川の伏流水と安全な生育環境の中、丁寧に育てられたうなぎは、天然うなぎのような香りと甘みをもち、弾けそうな肉厚が特長。身の質はきめ細かく、全国でも四十店舗ほどと限られた店でしか口にできない。

食べた後にふわっと甘みを感じる「共水マル特うなぎ」

住 浜松市東若林645　営 11:30〜14:00（土日祝〜14:30）、16:30〜20:00　休 月曜日、第4日曜日　P 7台　席 カ6、座28　メ 白焼き（地焼）1600円、うな丼（並）2300円、（特上）3000円　マ P51

かねりん鰻店《かねりんうなぎてん》

Tel 053・448・9335

関東風

先代の味と手法を受け継ぐ

創業以来六十年、伝統の炭火焼きの手法を守る店。先代から受け継いだ秘伝のタレを使用し、素朴でおいしいうなぎ料理を提供している。調理は素焼きしてから蒸し、再度タレをつけながら焼く関東風スタイル。庭の見える純和風の座敷があり、足を伸ばしてのんびりとくつろげる。

うなぎ弁当と蒲焼きは持ち帰り可能。特上は、きも吸、香物、フルーツ、小鉢つき

住 浜松市入野町731　営 11:00〜13:45（OS）、17:00〜20:00　休 水曜日、第3・5火曜日の夜　P 13台　席 テ8、座44　メ うな重（並）1470円、うな重（特上）2830円、きも焼き420円　マ P51

鈴恭《すずきょう》

Tel 0120・47・5004

関東風

養殖から白焼きまで一貫

七十余年の歴史を持つ老舗養殖場直営の白焼き専門店。うなぎは養鰻池から直送し、さばいてすぐに焼くので鮮度抜群。一般的な上火ではなく、下火の手焼きなので、ポタポタ落ちた脂で身が燻されおいしさが一段と引き立つ。ふっくら肉厚のうなぎは、口の中でホロリととろける。

手作業で好みの焼き加減に。たれ、山椒、肝、お吸い物が付く

住 浜松市篠原町21627　営 9:00～18:30　休 年中無休　P 5台
席 なし　メ うなぎ白焼890円、うなぎの佃煮1050円　マ P51

清水家《しみずや》

Tel 053・522・0063

関東風

大正時代の正統派うな重

地元産のうなぎを使い、丁寧な手仕事で伝統の味を守る創業七十余年の老舗。メニューは「うな重」と「うな丼」のみ。うなぎの旨味をしっかり閉じ込める濃厚な甘辛のタレは、創業からの継ぎ足しだ。備長炭で焼き上げたうなぎは、表面がカリッと香ばしく、中はふっくら。

秘伝のタレと備長炭で丁寧に焼き上げる。朝の仕込み分が売り切れたら閉店

住 浜松市細江町気賀238-2　営 11:00～18:00（売り切れ次第閉店）
休 水曜日(月1回連休あり)　P 23台　席 カ5、座70　メ うな重2415円～2835円、うな丼1890円・1995円　マ P51

白焼きは、肉の香りや甘さといった、上質なうなぎならではの風味が楽しめる

浜松市

肝の佃煮、う巻き、うなぎ海苔がついた「うな丼（松）」2400円

うなぎのコジマヤ金指本店《うなぎのこじまやかなさしほんてん》

Tel 053・523・1223

関東風

甘味と香り際立つ厳選うなぎ

タラの練り餌で育てた「ホワイトうなぎ」が味わえる店。肉質がきめ細かく、ほのかな甘味があり、蒸し上がったときにうなぎ本来の豊かな香りが立ち上る。最上級のみりんで仕上げた濃厚なタレとの相性も抜群だ。奥三河の清酒「蓬莱泉」「吟」「空」といった珍しいお酒も充実。

住 浜松市細江町三和58-1　営 11:00～14:30、16:30～20:00(日祝11:00～20:00)　休 月曜日、第4火曜日(祝日は営業、翌日休み)　P 30台　席 テ4、座69　メ うな重（特）3600円、うな重（竹）1900円、お子様うな丼1200円　マ P51

うなぎは2段重ねに。紀州の備長炭を使い昔ながらの手法で仕上げる

浜名湖《はまなこ》つるや《つるや》

Tel 053・592・0439

関東風

うなぎに合わせ蒸しを加減

大正十年に東京両国で創業、昭和八年に当地へ。地元最古の老舗だ。うなぎは「蒸し」に気を使い、一本一本状態を見ながら加減する。八十余年継ぎ足している秘伝のタレはコクがある重厚な味わい。ふっくらと蒸し上げた身との相性は抜群。うな丼は冷めてもおいしいと評判だ。

住 浜松市舞阪町舞阪2102-2　営 11:00～14:00、16:30～18:30　休 火・水曜日　P 7台　席 テ6、座16　メ うな丼（並）1100円、うな丼（上）1600円、二段丼1800円、うな重1700円　マ P51

お膳には白焼きと吸い物が付く。手軽な持ち帰り弁当も好評

うなぎ処《うなぎどころ》 舟宿《ふなやど》

Tel 053・594・3159

関東風

香り豊かな郷土料理

新居町の郷土料理「うなぎぼくめし」が味わえる店。元々は育ち過ぎて大きくなったうなぎの調理法として、養鰻婦人部が考案した料理。うなぎとゴボウのささがきを特製のタレで炊き上げ、大葉などをちらす。ご飯にうなぎの旨味がたっぷり染み込み、冷めてもおいしくいただける。

住 新居町新居1217-7　営 11:00～15:30　休 火曜日、第1・3月曜日　P 12台　席 カ8　メ ぼく飯弁当（松）750円・（竹）650円・（梅）580円、うなたま弁当（松）850円　マ P51

マルカワ 炭焼きうなぎ《まるかわすみやきうなぎ》

Tel 053・524・0845

関東風

納得できなければ臨時休業

国産うなぎのみを仕入れ臭みを抜き備長炭で焼く。一尾一尾手間をかけ丁寧に仕上げる白焼きが評判。「僅かでも臭みが残っていたら、迷わず休業します」とご主人。味に対するこだわりは徹底している。東名三ヶ日ICより車で五分、遠方からも常連客が通う。

むっちりとした肉厚の身は食べごたえ十分。白焼きと同数の肝焼き付き

住 浜松市三ヶ日町津々崎1089-1　営 10:00～18:00　休 木・金曜日（うなぎの泥臭みが取れなければ臨時休業）　P 10台　席 なし
メ 炭焼うなぎの価格は相場により変動　自家製タレ260円　マ P51

うなぎの井口《うなぎのいぐち》

Tel 053・586・6863

関東風

二段階の「焼き」が決め手

うなぎの「質」と「焼き加減」にこだわる白焼き専門店。脂ののりが良い、厳選した国内産うなぎを地下60《メートル》から汲み上げた井戸水で締め、職人の手作業で一本一本調理する。下火で下地をしっかり焼き、さらに上火でふっくら焼き上げるという二段階の焼きがおいしさの秘密。

本数分の肝素焼き、山椒、お吸い物付き。わさび醤油で食べても美味

住 浜松市平口253-1　営 9:00～19:00　休 火曜日（祝日は営業）
P 20台　席 なし　メ 白焼（中）750円、白焼（大）800円、白焼（特大）850円　マ P50

ジューシーさが食欲をそそる。脂が適度に落ちて口当たりさっぱり

住 浜松市於呂4000-1　営 11:00～20:30（OS）　休 水曜日(祝日は営業、翌日休み)　P 20台　席 テ30、座120　メ うな重1575円、うな丼1050円、むかい野3000円前後、涼御所定食2835円　マ P50

にゅうやっこ

Tel 053・583・0232

背開きで蒸さない

素材の味を生かす直火焼き

北遠の玄関口にある和食処。うなぎは旨味をしっかり閉じ込めるダイナミックな直火焼き。素材本来の味が楽しめると評判だ。調理の前に冷たい地下水の自家生簀（いけす）に放つので、肉の臭みが抜け、身もキュッと引き締まる。うなぎが苦手な人のために各種定食も用意。

備長炭の煙で燻されたうなぎは香ばしさも格別。吸い物は100円

住 浜松市二俣町二俣1161　営 11:00～18:00　休 木曜日　P 12台　席 テ32　メ 特うな重2400円、うな丼1400円、上蒲焼1000円、きも焼き300円　マ P50

やっこ

Tel 0539・25・2227

背開きで蒸さない

備長炭は店専用の特注品

創業以来八十余年、初代の味を頑に守る。仕入れたうなぎは二日間冷たい地下水にさらす。身が締まり、臭みが抜けたら、創業時から店専用に作ってもらっている備長炭で、焼き専門の職人さんが丁寧に仕上げていく。昭和の佇まいを残す店内が、芳しい香りに包まれる。

うなぎ１本半を２段に盛っているのでボリューム満点。手早くご飯に混ぜていただく

大原屋《おおわらや》

Tel 0538・32・7178

関東風（鰻まぶしは蒸さない）

まぶし＋煎茶であっさり

創業七十余年のうなぎ専門店。基本は関東風だが、蒸さずに直焼きした「鰻まぶし」も人気。一杯目はそのまま、二杯目は薬味を混ぜ、三杯目はお茶漬けで。ダシではなく煎茶を使うのがポイントだ。時間はかかるが、注文後に活うなぎから調理する「特選鰻重」もおすすめ。

「鰻重」1890円。この値段でこのボリュームはうれしい

住 磐田市見付2753-1 営 11:00〜14:00、17:00〜20:00 休 火曜日、第2・3月曜日 P 10台 席 テ12、座40 メ お子様丼1050円、鰻丼1365円、鰻重1890円、特選鰻重3150円 マ P50

うな重定食（座敷メニュー）2100円

しっかり味のタレで、うな重を食べた感動が持続。肝吸いの肝のやわらかさ！

あなごや

Tel 054・254・8361

関東風

やわらかい身にかりっとした焼き目

明治二十二年の創業以来、大火や空襲からの復興も経てこの地にある老舗。変わらぬ変体仮名の看板にほっとする市民も多い。吉田産の活きたうなぎを仕入れ、井戸水で少し生かして身を締まらせてから調理する。夏にぴったりのうざくや、甘くてふわっと優しい味のうまきも美味。

老舗の歴史を感じさせるエントランス

住 静岡市葵区両替町1-7-10　営 11:00～14:00、16:00～21:00　休 日曜日・祝日　P 契約駐車場有　席 テ24、座50　メ 座敷メニュー/おまかせ会席＆うな重5250円～　食堂メニュー/うなぎ丼1450円～　マ P52

池作《いけさく》

Tel 054・252・0952

関東風

開ければ艶やかな蒲焼きが

重箱のふたに東海道五十三次の蒔絵。ある蒔絵師の最後の仕事で、稀少な物という。宿ごとに絵が違う、五十三宿のセット。仕入れるのは良質な国産の活きたうなぎで、タレは創業八十年の継ぎ足し。梅干しとゴマを混ぜたご飯の上に大葉を敷きうなぎをのせた、迷信破りのうな梅丼もある。

やわらかいうなぎにやや甘めのタレがよくからむ

住 静岡市葵区人宿町2-6-1　営 11:00～14:00、16:00～20:00（日曜日は休憩なし）　休 火曜日　P 2台　席 小8、テ16　メ うな丼1000円～、うな梅丼800円～、うな玉丼800円　マ P52

鰻《うなぎ》のはら川《はらかわ》

Tel 054・254・5920

関東風

うなぎを肴に地酒を楽しむ

静岡市役所の近くにあるうなぎ専門店。吉田産活うなぎを店でさばき、四十年間継ぎ足しているタレをつけながら丁寧に焼き上げる。蒲焼きのほか、新鮮な肝や骨を使ったおつまみも好評。地酒も各種そろう。桜えびや山芋を蒲焼きとまぶして食べる「駿河まぶし丼」もお試しを。

このほか、うな重、鰻づくしなどメニューはバラエティーに富む

住 静岡市葵区呉服町2-6-5　営 11:00～21:30　休 不定休　P なし　席 カ5、テ12、座12　メ うな重特上2500円、きもわさ450円、鰻づくしコース4200円、大串きもやき400円　マ P52

辰金支店《たつきんしてん》

Tel 054・245・0556

関東風

甘さひかえめ伝統のタレ

創業八十余年。長年継ぎ足しで作られているタレは、静岡にしては辛めなのが特徴。空襲で店は消失するも、タレの壺は防空壕に入れてあったという。蒸してふっくらやわらかくなったうなぎによくからむ。うなぎが苦手な人でも家族連れで来られるよう、オリジナル定食、丼類も充実している。

さっぱり辛口のタレ。おしんこは長年使っているぬか床で漬けたもの

住 静岡市葵区東草深町14-11　営 11:30〜14:00、16:30〜20:30
休 月曜日、第2火曜日　P 7台　席 カ5、テ10、小18、座30
メ うな丼1120円、うな重1430円、お好みうなぎ弁当1530円　マ P52

天峰《てんみね》

Tel 054・255・0131

関東風

この地で一世紀、伝統の味

カリッと香ばしい焦げ目とやわらかい身。冷めてもおいしい安定感のあるタレで、自家製の山椒の香りも格別だ。夏だけでなく、冬には受験前の子どもが風邪を引かないようにと来る客も。うなぎを活かしておくのはもちろん、ご飯やお茶にも、ここで出る井戸水を使っている。

やわらかさと香ばしさが絶妙。自家製山椒の爽快な後味が広がる

住 静岡市葵区駿河町6-3　営 11:00〜15:00、16:00〜21:00　休 木曜日　P 5台　席 テ25、小40、座86　メ 白焼き1470円、うな丼980円　マ P52

肉厚のうなぎとコクのあるタレ。いろんな野菜のおしんこも嬉しい

肝わさ・肝煮は各350円、うなぎの身を巻いたうな巻は1本230円

池川支店《いけがわしてん》

Tel 054・245・0625

関東風

時間がなくても老舗の味を

活きたうなぎを裂いたらすぐに白焼きにして味を閉じこめている。時間をとって来店した人には裂くところからするが、急ぐ人のためには蒸して準備してある。老舗の味がスピーディーに食べられるのも魅力だ。創業は百年近く前。終戦直後からのぬか床で漬けられたおしんこがたっぷり付く。

住 静岡市葵区横内町67　営 16:30〜21:30　休 月曜日、第2・第3火曜日　P 6台　席 1階35席、2階に座敷あり　メ うな丼（並）1470円、（上）1950円、蒲焼1050円〜、肝焼・うな巻 各1本230円　マ P52

うなぎの鈴茂《うなぎのすずも》

Tel 054・285・6767

関東風（長焼きは蒸さない）

香り漂う、やわらかな舌触り

蒸された分、脂が落ち、皮はやわらかく、骨が歯に触ることもない。蒸しても粒がしっかりあるご飯に、タレの味がしみこんでいる。もち米をブレンドした産地指定のコシヒカリを、直火のガス釜で炊いている。うなぎもご飯も、二本の百尺井戸の水質の良さがベースにある。

うなぎせいろ蒸し（上）2520円

井川メンパに入ったアツアツのせいろ蒸しを、食べやすい竹のスプーンで

住 静岡市駿河区馬渕2-10-24　営 11:30～14:00、17:00～20:00　休 火曜日　P 5台　席 カ7、テ16、小14、座2間　メ うなぎ長焼き定食2520円、うなぎまぶし丼（上）2205円、うな重1260円～　マ P52

三六《さんろく》

Tel 054・282・7987

関東風

すっきり味でお酒に合う

甘みが少なめのタレに、香ばしい身がよく合う。米粒の形がしっかり残るご飯は「あきたこまち」だ。うなぎは、店の裏の深い井戸で出るきれいな水で泳がせてから裂く。お酒を飲む時には二段重ねもオススメ。まずはつまみとして蒲焼きを、シメとしてうな重が楽しめる。

うな重（上）1400円

強めに焼かれた表面の香ばしさ！おしんこは、よーく漬かった濃い味

住 静岡市駿河区稲川3-6-24　営 11:00～13:30、17:00～21:00　休 月曜日　P 5台　席 カ4、座24　メ うな重1100円～2500円、蒲焼1000円・1300円、うな茶漬1000円　マ P52

身はやわらかく、脂っぽくない。ご飯にもタレの味がしっかり

住 静岡市駿河区稲川1-9-23　営 11:30〜14:30、17:30〜20:00（できれば予約を）　休 水曜日　P 5台　席 テ13、大部屋1、小部屋2　メ うな重2100円・2625円・3150円（棚）、蒲焼1575円〜、白焼き1575円〜　マ P52

満嬉多《まきた》

Tel 054・285・1288

関東風

舌でとろけるやわらかさ

箸を入れるとホロホロ、口の中でとろけていく身。吉田より仕入れたうなぎを店の前の井戸で一週間ぐらい活かす。注文後に裂き、備長炭で焼く。御殿重という重箱にも注目。運ぶ際に冷めないようお重の下で湯せんをしたという古い文献のアイデアを使い、この形になったとか。

深みのあるタレが、ふっくら肉厚のうなぎとご飯によく合う

住 静岡市葵区金座町1　営 11:30〜14:00、17:00〜21:00　休 月曜日（祝日・振替休日は営業）　P 2台　席 カ5、小8、座14　メ うな重1890円〜、うな丼1890円〜、蒲焼定食1890円〜、棚重2835円〜　マ P52

武林車店《たけばやしくるまてん》

Tel 054・252・3012

関東風

あっさりしていて深いコク

噛まずとも口の中で溶けていく身のやわらかさ。タレはあっさりしているが薄くなく、まろやかな味だ。たくさん焼いた分うなぎの滋味が溶け込んでいて、タレだけでもご飯がすすむほどのコクがある。粒がしっかりしたご飯は、米店がここ専用にブレンドした米を使用している。

うなぎの石橋《うなぎのいしばし》

Tel 054・281・5432

背開きで蒸さない

頭も付いている姿焼！

井戸水（安倍川の伏流水）の出る音が響く店内。この水で三〜四日活かしてからうなぎを裂く。養鰻をしていた先代が家庭料理として食べていたのがこの姿焼。身はとてもやわらかく、皮はパリパリだ。タレは濃いめで甘く優しい味。うなぎの骨を炒めると出る油で揚げた骨が付く。

食事メニューはこれのみ。裂いてそのまま焼く、勢いを感じる一品だ

住 静岡市駿河区西中原1-6-13 営 11:00～14:40、17:00～20:40、土日祝は11:00～20:40 休 1月1日 P 25台 席 カ7、テ38 メ 肝焼き1750円 マ P53

かん吉 静岡店《かんきち しずおかてん》

Tel 054・258・2455

背開きで蒸さない

地焼きした身のサクサク感

ひつまぶしの一膳目はそのまま。二膳目以降はカツオと昆布の利いた熱いだし汁をかけて、うな茶で。吉田産のうなぎを、炭で地焼きしている。表面のサクサク感が軽快で、香ばしさが広がる。年齢を問わず人気のメニューだ。予約して出掛けるのがベター。清水店（0543・48・1712）もある。

調節が難しい炭で地焼きしたうなぎの食感が、茶漬けによく合う

住 静岡市駿河区東新田4-19-5 営 11:30～14:00、17:30～20:30（鰻がなくなり次第終了） 休 月曜日、火曜日（祝日は営業） P 10台 席 テ12、座13 メ うな重1680円、白焼き1370円、肝焼き420円（限定） マ P53

清水《しみず》うなぎ店《うなぎてん》

Tel 0543・66・1649

関東風

甘みを抑えた上品な味

創業以来この地にある、うなぎ料理一本の店。もとは、うなぎなど川魚の問屋を戦前から営んでいた。昔は巴川でしらすうなぎが捕れたそうだ。店で食事を出してから五十年近く経つ。吉田産のうなぎのみを使用し、タレは辛めのすっきり味。県外からの客や、週一で通う客もいる。

うな重（特上）きも吸付2600円

うなぎ1匹半。そのままでもご飯にのせても。種類豊富な自家製の漬け物付き

住 静岡市清水区江尻東3-10-1　営 平日11:00～14:00、16:00～20:00、土日祝11:00～20:00　休 金曜日　P 6台　席 テ26、小6　メ うなぎ丼（並）1400円、うな重（上）1900円、かばやき（中串）980円　マ P53

うな鐵《うなてつ》

Tel 054・627・1420

関東風

ビールに合う珍味も用意

東京都内を中心に展開するうなぎ専門店の暖簾分け。ご主人はうなぎ一筋三十年のベテラン。薄口のさっぱりとしたタレをまぶしながら、色つけ、上塗り、照りと三段階に分け、備長炭でじっくり焼きあげるのが特徴だ。うなぎのヒレやレバーなど、珍味の串焼きも充実。

うな重（特上）2300円

備長炭の火力を調節しながら長時間焼くことで、美しい照りが出る

住 焼津市栄町1-6-3　営 11:00～14:00、16:30～20:30　休 月曜日（祝日は営業）　P 4台　席 カ6、座36　メ うなぎ定食2500円、上うな重1700円、串焼各種180円　マ P53

活うなぎから調理するので時間がかかるため、事前に電話予約をするのがベスト

間接照明を効果的に使った店内は建築雑誌にも紹介された

三味《しゃみ》

Tel 054・620・4600

関東風・関西風

最高の器で最高のうなぎを

料理はもちろん、インテリアや器にもこだわる通好みの店。蒲焼きに使うのは、最高級のみりんで仕上げた甘口のタレ。さっぱりした口当たりが特徴だ。定番以外にも、あらい、兜焼き、酢じめなど、珍しいうなぎ料理を用意。県内の純米酒も各種取り揃えているので合わせて楽しみたい。

住 焼津市五ヶ堀之内177 営 11:30～13:30 17:00～21:00 休 月曜日（祝日は営業、翌日休み） P 6台 席 カ5、座22 メ うな重2100円、白焼き1680円、酢じめ630円 マ P53

まる忠《まるちゅう》

Tel 054・622・0407

背開きで蒸さない

肉厚でも蒸さずにやわらか

うなぎをはじめ、刺身、ひれかつなど和食が充実した食事処。蒲焼きは背開きの直焼きという関東・関西混合式。脂がのった国内産を厳選しているので、蒸さなくても身がやわらかく、ふっくら。タレは創業四十年以来継ぎ足しで、やや濃い目の甘辛。「うなきも丼」もおすすめだ。

ご飯が見えない豪華なうな重。身は蒸しを入れたもののようにやわらか

住 志太郡大井川町下江留1450-1　営 11:00～21:00（11～3月は20:00まで）　休 月曜日（祝日は営業、翌日休み）　P 42台　席 テ12、座66　メ うなきも丼1260円、ひつまぶし1995円、白焼き1260円　マ P53

うな平《うなへい》

Tel 0548・32・3040

関東風

通好みの貴重な吉田うなぎ

大井川水系の清らかな地下水で育った、上質の吉田うなぎを味わえる店。臭みがなく、身の締まりも抜群と、食通の評価が高い。調理法は蒸してから焼く関東風。皮までホクホクとやわらかく、七時間かけて煮込んだ甘さ控えめのタレとよく合う。大きな赤いうちわの看板を目印に。

肉質のきめが細かく上品な風味が特徴の吉田うなぎ。白焼きでも美味

住 榛原郡吉田町住吉1386-1　営 11:00～15:00、17:00～20:00　休 月曜日　P 23台　席 テ16、小16、個室2部屋　メ うな重（梅）1780円、二段特重3150円、鰻白焼1150円～　マ P53

うなぎ水泉園《うなぎすいせんえん》

Tel 055・975・0268

関東風

炭火の香りが食欲をそそる

三島の名所・楽寿園を目前に、白滝公園に隣接する、創業五十年余のうなぎ店。毎朝さばくうなぎは、素焼きし、蒸し上げ、照りがつくまで丁寧に炭火で焼き上げる。炭のほのかな香りと、ぷりっとした食感はこの店ならでは。地元のみならず、関東、関西方面からの客も多い。

うな重（肝吸い・漬け物付）1900円

炭火焼きの昔ながらの味を。2階なら公園を眺めながら食事も

住 三島市一番町1-28 営 11:00〜15:00,16:00〜19:00（うなぎが終われば終了） 休 水曜日（祝日は営業、翌日休み）、12月29日〜1月2日 P 7台 席 テ8、小12、座20 メ 白焼き1800円、うざく（南蛮漬け）1200円 マ P54

元祖うなよし《がんそうなよし》

Tel 055・975・3340

関東風

通常の「並」が特大サイズ

丼物のボリュームにまず驚き、食べてその美味しさに唸る。秘密は化粧水と呼ばれる三島の名水。二〜三日打たせることで、うなぎの余分な脂が抜け臭みもなくなる。焼き方は初代が考案した独特な方法。やや甘めのタレを塗り、何度もかえしながら、香ばしい蒲焼きに仕上げる。

並うなぎ丼1800円

丼に独自のタレで丹念に焼きあげたうなぎが丸１匹。お吸物、漬物つき

住 三島市緑町21-6 営 11:00〜19:30 休 木曜日 P 45台 席 カ5、テ45、座100 メ 特上うなぎ丼3200円、上うなぎ丼2500円、うな丼定食2650円、うなぎ豆腐530円 マ P54

朝さばいたうなぎを丁寧に下ごしらえ。備長炭で焼いた皮の香ばしさは感動的

レトロとモダンが融合した独特の佇まい

桜家《さくらや》

Tel 055・975・4520

関東風

150年受け継がれる家伝の味

安政三年の創業以来、丁寧な手仕事にこだわり続ける老舗。素材はもちろん、水、炭、団扇に至るまで一切妥協はしない。家伝のタレで仕上げるうなぎは「かるみ」と評される独特の味わいが身上。香ばしくコクがあるのにしつこくなく、身もふんわりとやわらかで、さっぱりといただける。

住 三島市広小路町13-2 営 11:00～20:00（売切れ次第閉店） 休 水曜日 P 契約駐車場あり 席 テ20、座80、個室2部屋40名 メ 白焼（小）1890円、重箱2310円～、丼2310円～、蒲焼定食3150円、コース5250円～ マ P54

蒲焼割烹《かばやきかっぽう》 御殿川《ごてんがわ》

Tel 055・977・6234

関東風

多彩メニューでうなぎの旨さ満喫

蒲焼きのみならず白焼きや石焼うな丼など、うなぎを美味しく楽しめる多彩なメニューを提案。「ひつまぶし」は薬味やお茶漬けで食す人気の一品だ。蒲焼きは古式熟成醤油や本みりんで作る、創業以来のタレで焼き上げる。うなぎ本来の旨みを堪能できる、後を引く味わい。

一杯目はそのまま、二杯目は薬味、三杯目はお茶漬けで

住 三島市梅名477-8 営 11:00～21:00（OS 20:30） 休 火曜日（祝日は営業） P 40台 席 テ70、座150 メ うな重1600円、石焼うな丼1900円、白焼丼1600円 マ P54

うなぎ専門店《うなぎせんもんてん》 冨久家《ふくや》

Tel 055・931・1286

関東風

激ふわ食感がやみつきに

創業七十年。作家・司馬遼太郎氏も舌鼓を打った老舗うなぎ店。鮮度抜群のうなぎと、蒸しと焼きの絶妙な技で、独特のふわっとやわらかな口当たりを醸し出す。秘伝のタレを使う定番の蒲焼きもいいが、素材を存分に楽しめる白焼きもおすすめ。井戸水使用の肝吸いやお茶も美味。

皮までスッと箸が通るやわらかさ。甘さを控えたタレが大人の味覚をくすぐる

住 沼津市市場町13-4 営 11:30～14:00、17:00～20:00 休 月曜日 P 8台 席 テ8、小12、座20 メ しら焼1890円、きも焼（2串）420円、うな重（並）1680円、しら重2100円 マ P54

うな重（松）2205円

うなぎ料理の注文に限り（個人の方）、秘伝のうなぎエキス入り飲み物付き

割烹沼津ぼんどーる《かっぽうぬまづぼんどーる》

Tel 0120・49・2200

関東風

じっくり染み込む秘伝ダレ

東名沼津インター入り口。日本情緒を取り入れたゆったりとした空間と、職人の確かな技でこだわりの味を提供する割烹料理店。うなぎは秘伝のタレでじっくりと焼き上げる、手間をかけた味わいが人気。この他、近海の鮮魚を使った和食や懐石も堪能できる。

住 沼津市大岡2870-2　営 11:00～21:00（OS）　休 1月1日　P 20台　席 テ32、座120　メ せいろまぶし2205円、うなぎ蒲焼定食2625円、二段重3045円、開き弁当2625円　マ P54

うな重（竹）1700円

やわらかな身になじむ甘めのタレが食欲をそそる

駿河路の味処うないち《するがじのあじどころうないち》

Tel 055・993・0571

関東風

店の蒲焼きの味を全国発送

旧国道246号線沿いの和食処。鹿児島産おおさきうなぎを使用し、関東風の調理法で、ふっくらとやわらかめに焼き上げるのが特徴だ。この「うないち」の味を全国地方発送できる、蒲焼真空パックも好評。肝焼きやうなぎの骨の唐揚げなど蒲焼き以外のメニューも見逃せない。

住 裾野市二ツ屋179-5　営 11:00～21:00　休 火曜日　P 60台　席 テ14、座188　メ 蒲焼真空パック1500円、慶弔料理4000円～、宴会料理3500円～、そば1000円～　マ P54

天然うな丼（吸い物つき）3800円

太めの蒲焼きは食べごたえ十分。秘伝の「タレ」が染みたご飯も抜群においしい

熱々のままうなぎとご飯を混ぜる「石焼丼」2100円。お茶漬けや、とろろをかけても美味

うな繁《うなしげ》

Tel 055・975・6879

関東風

旬の天然うなぎも入荷

日本一の名水と称される、柿田川湧水系の水で洗われたうなぎは、クセがなく上品。うな重などの定番はもちろん、名物の「まぶし丼」や創作メニューの「石焼丼」も人気。時期によって、天然うなぎも味わえる（不定期入荷のため電話で確認を）。大小宴会場や特別室を完備。

住 駿東郡清水町伏見239-3　営 11:00〜14:00 (OS)、16:00〜20:15 (OS) 売切次第終了　休 月曜日(祝日は営業、翌日休み)　P 50台　席 テ60、座130
メ うな重1800円、鰻五目寿し1500円、うなぎづくし会席5000円〜　マ P54

伊豆の味処《いずのあじどころ》 割烹《かっぽう》姫沙羅《ひめしゃら》

Tel 055・978・3233

関東風

やわらかうなぎをたっぷり満喫

静岡県ミニHACCP承認、県内一号店といううなぎ蒲焼きの店。徹底した衛生管理で安心のメニューを提供している。たっぷりと重箱を埋めつくす蒲焼きは、深蒸しし、遠赤外線で焼き上げられ、身もふっくら。二度仕込みする深みのあるタレもうなぎの脂と絡み、旨みをぐっと引き立てる。

ひとまわり大きなうなぎを使用。蒲焼きと新潟産最高級米との相性も抜群

住 田方郡函南町大土肥28　営 11:00〜21:20（OS20:45）　休 無休　P 40台　席 テ10、座110　メ 姫沙羅定食2400円、刺身定食2300円、鰻櫃まぶし2100円、うな丼1700円　マ P54

うなぎ三好《うなぎみよし》

Tel 0558・42・0344

関東風

蒸し竈炊きのご飯が絶品

昔ながらの「本物のうなぎ」のおいしさを追求する、創業五十余年の老舗。うなぎは三島から厳選したものを仕入れ、炭火でじっくり丁寧に焼き上げる。ご飯のおいしさにもこだわり、珍しい蒸し竈を使用。炭火で炊き上げたご飯は、一粒一粒に旨味がしっかり閉じ込められている。

お吸い物は鰹の本節を削ってダシを取る

住 賀茂郡松崎町松崎322-8　営 11:30〜14:30、16:30〜20:30　休 火曜日　P 町営駐車場3時間まで無料　席 カ5、テ8、座30　メ 蒲焼き1680円〜、白焼き1680円〜、肝焼き315円　マ P54

うなぎ大変身

うなぎといえば蒲焼き、そんな常識を覆す、ユニーク料理を紹介。食材としての奥深さを、とくとご覧あれ。

活うなぎを三枚におろし、薄造りにしてポン酢醤油で

蒲焼きを卵でふんわりとじた珍品。お酒の肴にも

白焼きに衣をつけて揚げた珍味。ビールによく合う

うなぎの尾ビレ、背ビレとニラを串に巻き炭火焼きに

しその葉の風味と味噌ダレがうなぎの旨味を引き出す

スライスして湯引きしたうなぎを大根おろしとぽん酢で

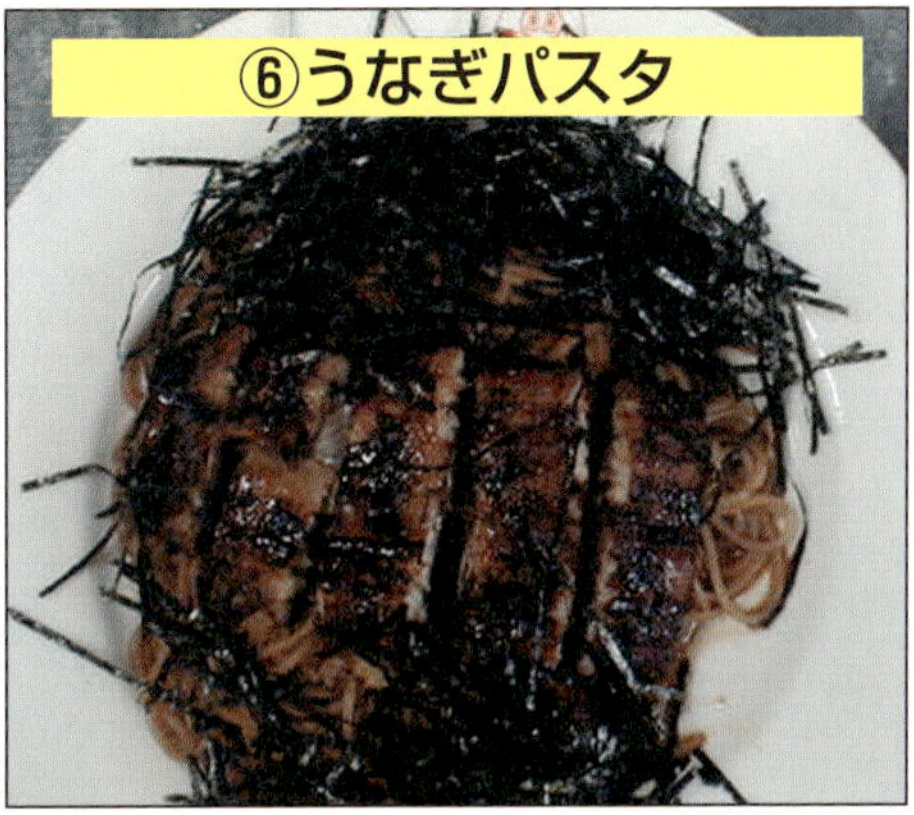

ありそうでなかったアイデア料理。隠し味はバター

サクサクッとした食感。生姜が効いたスタミナ料理

だし汁に旨味がたっぷり。ドジョウよりもコクがある

①⑦うな慎　浜松市馬郡町2476-227
TEL053-596-0303
②ふじや　浜松市入野町南平14119
TEL053-449-3232
③うなぎ家　曳舟　浜松市細江町気賀172-2
TEL053-523-1211
④うな鐵　焼津市栄町1-6-3
TEL054-627-1420
⑤⑩磯の串　浜松市三ヶ日町宇志384-1
TEL053-524-0104
⑥此処路舎　浜松市細江町気賀10629-9
TEL053-523-1900
⑧うな紀　浜松市有玉北町1138-2
TEL053-434-3000
⑨三味　焼津市五ヶ堀之内177
TEL054-620-4600

石焼きで香ばしさが際立つ。だし汁をかければうな茶に

うなぎ駅弁 冷めても美味！ さて、どれを選ぶ？

■清流うな重1500円（桃中軒）
三島の美しい水に磨かれたうなぎを、桃中軒独自の甘めのタレで焼き上げた逸品。柚子の香りが効いた箱根大根の漬け物入り。JR三島駅構内売店、JR沼津駅改札売店

■うなぎわさび飯1300円（富陽軒）
わさびの茎を炊き込んだ醤油風味のご飯に、ふっくらとやわらかい国産うなぎの蒲焼きを乗せた贅沢弁当。紐を引くと瞬時に温まる加温容器入り。JR新富士駅構内売店

■特製うなぎめし1220円（東海軒）
野菜やこんにゃくの煮物をプラスした「うなぎめし」の豪華版。ご飯に染み込んだタレが美味。JR静岡駅構内

■ぜいたくむすび・うなわさ210円（富陽軒）
ぴりっとわさびの効いたご飯にうなぎの蒲焼きを入れ、極上海苔で包んだ贅沢なおむすび。JR新富士駅構内売店

（株）自笑亭	**（株）富陽軒**
浜松市神田町518	富士市松岡1190
TEL053(442)2121	TEL0545(61)2835
（株）東海軒	**（株）桃中軒**
静岡市葵区紺屋町9-12	沼津市千本港町24
TEL054(253)5171	TEL055(963)0154

こだわり

■うなぎ弁当・赤ワイン仕込み1200円（自笑亭）
うなぎを背開きにして軽く蒸し上げ、秘伝のタレで焼き上げる。赤ワインに漬込むことにより、より一層ふんわりとした食感に。ＪＲ浜松駅･掛川駅構内

■浜の釜めし820円（自笑亭）
桜ごはんに、うなぎ、卵、鶏そぼろなどの具材を並べた釜めし。目で楽しみ、舌で味わえる。

ＪＲ浜松駅･掛川駅構内

■ひつまぶし1200円（自笑亭）
ご飯の上に錦糸玉子を敷き、うなぎの蒲焼きとうなぎの肝の佃煮をトッピング。「うなぎ飯」と「うなぎ茶漬」の２つの味が一度に味わえる。缶茶付き。ＪＲ浜松駅･掛川駅構内

■うなぎめし1050円（東海軒）
お手ごろ価格が嬉しいベーシックなうなぎ弁当。山椒の粉と奈良漬け付き。食べる直前にタレをかける。JR静岡駅構内

■うなぎ弁当・白ワイン仕込み1200円（自笑亭）
うなぎを背開きにして軽く蒸し上げ、秘伝のタレで焼き上げる。本わさびをすって食べる、京風白焼きをイメージした上品な弁当。個数限定販売。ＪＲ浜松駅･掛川駅構内

うなぎのおやつ大図鑑

定番モノからユニークな珍味まで、うなぎのおやつ＆惣菜をドーンと紹介。

うなぎフロランタン

フレッシュ生クリーム、バター、蜂蜜、グラニュー糖を煮詰めてキャラメル状にし、スライスアーモンドをからめ、うなぎエキスを閉じ込めてじっくり焼き上げた和洋菓子。サクサクッとした歯ごたえと香ばしさがクセになる。10枚入り420円、18枚入り840円（紙管筒タイプ）、12枚入り525円、24枚入り1050円、36枚入り1680円／東名高速浜名湖SA、JR浜松駅、エンパイアホテルほか／販売主A

うなぎバウム

うなぎエキスパウダーの入ったバウムクーヘン。一口サイズで食べやすい。12個入り525円／浜名湖レークサイドプラザほか／販売主C

うなぎのぼり

バターの風味豊かなパイ生地で包んだオリジナル菓子。北海道産の厳選小豆を独自の皮むき餡に仕上げたものと甘さひかえめのパンプキン餡の2種類。1個116円、8個入り1050円、12個入り1575円／ふる里佐鳴台本店、将監店、砂山店、上島店、浜北店、半田店、志都呂店／販売主B

うなぎんぼ

白あん入りのソフトクッキーをパイで巻き、丹念に焼き上げた浜名湖銘菓。軽やかな甘さと、うなぎを模した形状が人気。7本入り630円、12本入り1050円、18本入り1575円／ジャスコ浜松西店、浜松市野店、JR浜松駅ほか／販売主D

うなぎアイスクリーム

うなぎの脂っこさと生臭さを取り除きつつ、香ばしさを残したユニークなアイス。山椒付き。安心の天然素材で、合成着色料・甘味料不使用。1個367円／東名高速牧之原SA（下り）、東名高速小笠PA（上り）、JR浜松駅、龍潭寺前売店ほか／販売主E

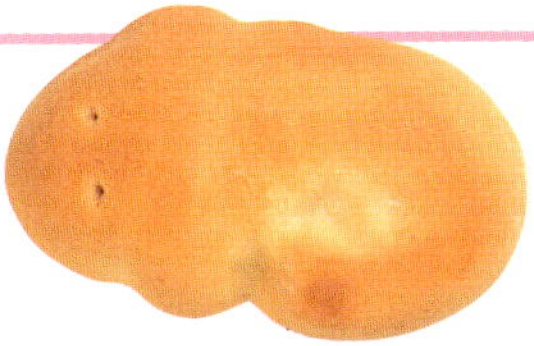

うなぎまんじゅう

生地にうなぎエキスパウダーを練り込んだ、かわいいうなぎの形の焼きまんじゅう。10個入り525円／東名高速浜名湖SAほか／販売主C

うなぎちぎり餅

うなぎエキスを餅に練り込んだ一口サイズのちぎり餅。大麦を炒って粉にした「はったい粉」と「きな粉」をミックスしてまぶしている。12個入り420円／東名高速浜名湖SAほか／販売主C

ユニーク！和洋菓子

うなぎケーキ

濃厚なチョコレート生地の中に、うなぎの蒲焼きが！　臭みを消すため、ブランデー漬けにしてマスキングする方法を採用。1本2100円／甘陣／販売主F

うなぎチーズケーキ

チーズとミルクの風味豊かなふんわりケーキ。うなぎエキスパウダー入り。15個入り840円／東名高速浜名湖SAほか／販売主C

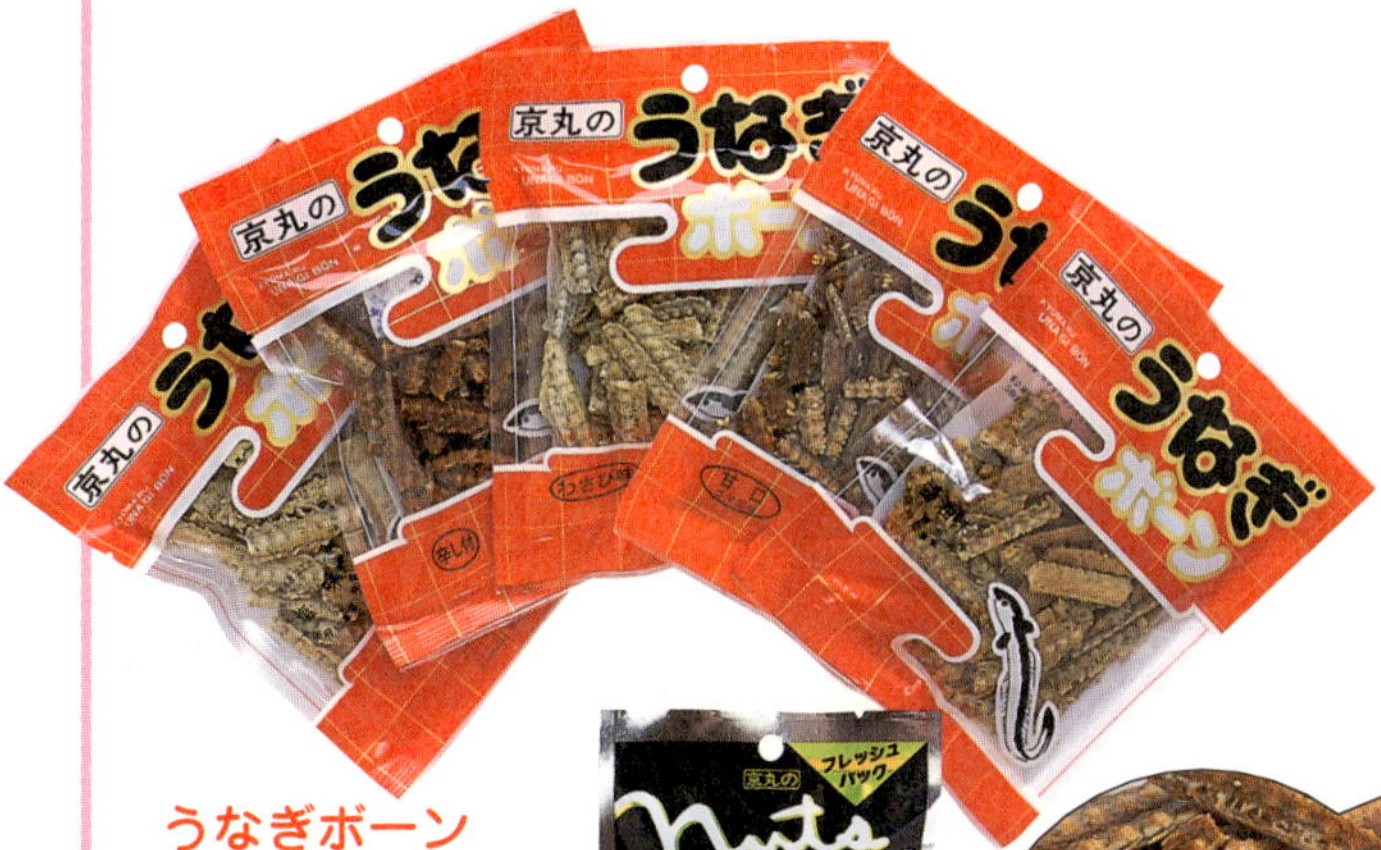

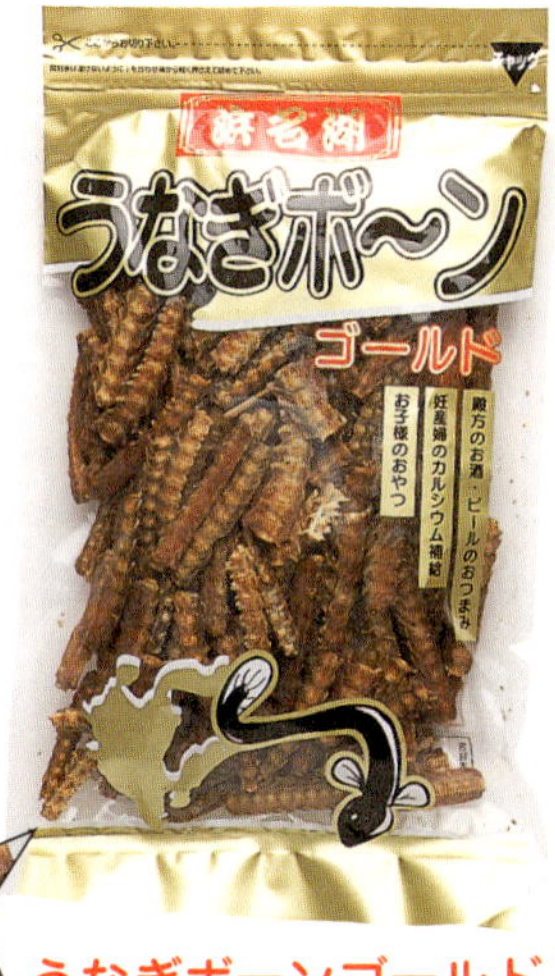

うなぎボーン

醤油味、塩味、辛子味、わさび味、甘口と、甘口にバターピーナッツをミックスしたナッツボーンの全6種類。すべてオープン価格（100g600円程度）／駿府楽市、JR浜松駅、東名高速浜名湖SAほか／販売主G

うなぎボーンゴールド

うなぎの骨を独自の加工方法で栄養価を逃さず美味しく味付けした健康珍味。子どものおやつ、カルシウム補給、おつまみにおすすめ。100g525円／東名高速浜名湖SAほか／販売主C

※P44,45,47の写真キャプションは、商品名／商品の説明／価格／販売場所／販売主（P47参照）

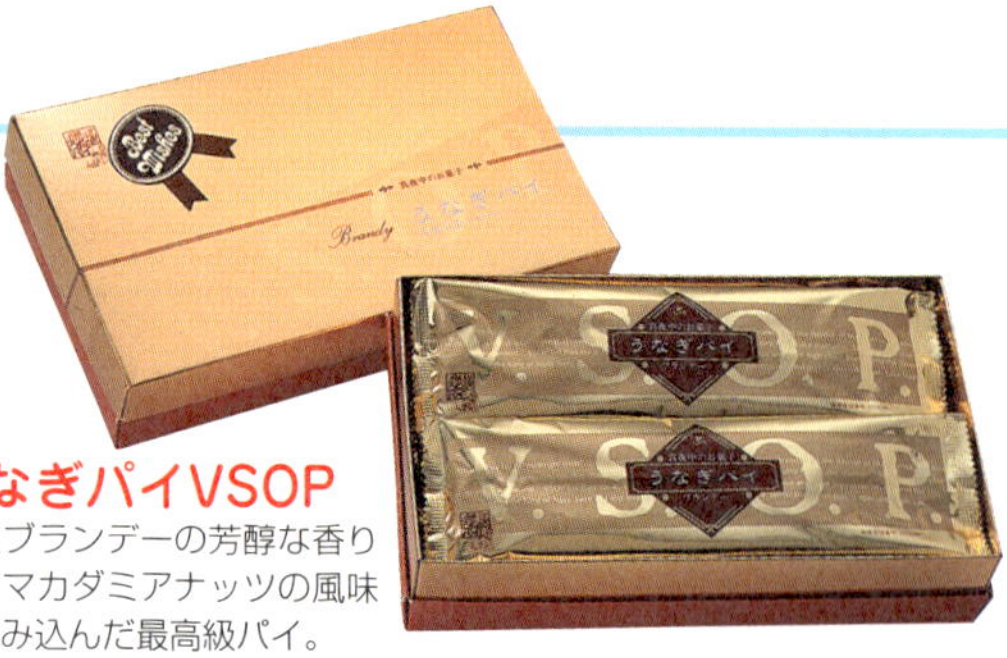

うなぎパイVSOP

高級ブランデーの芳醇な香りと、マカダミアナッツの風味を包み込んだ最高級パイ。
10本入・1575円

うなぎパイナッツ入り

アーモンドをふんだんに使い、甘さを控えたソフトな味わいに。24本入・2100円

定番！夜のお菓子

うなぎパイシリーズ　販売主（有）春華堂　浜松市大久保町748-51　電話0120-21-0481　販売場所／春華堂本店、駅前ビル店、佐鳴湖パークタウン店、本社工場売店、うなぎパイファクトリーほか

うなぎサブレ

フレッシュバターをふんだんに使い、うなぎ粉スパイスをブレンド。
18枚入・1050円

うなぎパイミニ

うなぎパイをかわいいミニサイズに。ナッツ入りで香ばしい。
10本入・525円

うなぎパイ

「夜のお菓子」のキャッチコピーでお馴染み。フレッシュバターをはじめとする厳選素材に、うなぎエキスやガーリックなどをブレンドした銘菓。

48本入・3150円

大人も楽しめる「うなぎパイファクトリー」がオープン！

工場見学

今年4月に完成した春華堂の新工場では、うなぎパイの製造工程を見学することができる。焼き上がったパイが、包装、箱詰めされ、製品になるまでの様子に、子どもはもちろん、大人も夢中になること請け合いだ。工場内にある「うなぎパイ映像シアター」ではうなぎパイのできるまでを紹介。静岡茶を味わえるカフェや、春華堂のショップも併設。予約なしで大丈夫だが、ガイドによる見学ツアー希望の場合は事前に電話連絡を。

■入場／無料　■開館時間／10:00～18:00　■開館日／360日営業。臨時休業あり。■無料駐車場あり
■住所／浜松市大久保町748-51（協同組合 浜松技術工業団地内）■問い合わせ先／053(482)1765

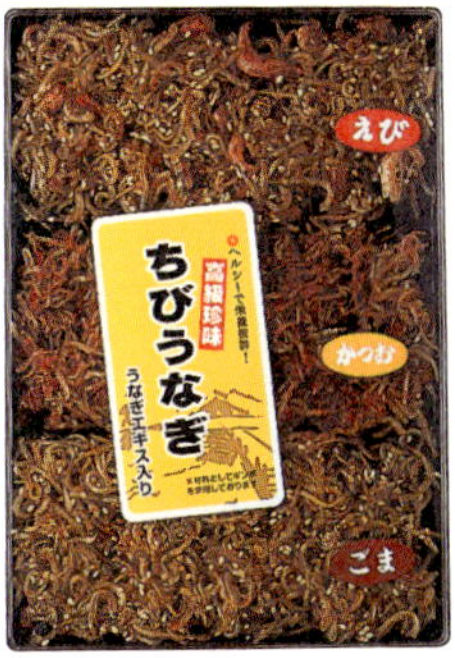

ちびうなぎ 3色セット

うなぎエキス入りの佃煮。えび、かつお、ごまの3種類の味を楽しめる。150g1050円／東名高速浜名湖SAほか／販売主C

うなぎ焼ちくわ

うなぎを細かくカットしてちくわに練り込んだ珍味。カルシウムやビタミンAがたっぷり。3本入り735円／サゴーロイヤルホテルほか／販売主C

おつまみ＆食事

うなぎふりかけ

味を付けたうなぎのふりかけ。お茶漬けやおにぎりにも。75g735円／東名高速浜名湖SAほか／販売主C

手延うなぎ そうめん

手延べそうめんにうなぎエキスパウダーをブレンド。130g210円／グリーンプラザほか／販売主C

うなぎ バーガー

浜名湖のうなぎの蒲焼きをだし玉子で巻きながら焼いたものを、レタスとパンでサンド。プチトマトがアクセントを添える。意外な組み合わせだが、相性は抜群に良い。1個280円／JR浜松駅、東名高速小笠PA（上り）ほか／販売主H

各商品に関する問い合わせは右記販売主まで。

A（株）わかふじ　沼津市岡宮1293-1　TEL055-924-0580
B　菓匠ふる里総本家　浜松市豊岡町415-1　TEL053-437-1228
C（株）敷島屋　浜松市舘山寺町2792-1　TEL053-487-5500
D（有）ドリアン洋菓子店　浜松市半田町1649　TEL053-434-7886
E（有）双葉　掛川市下俣南2-8-18　TEL0537-22-5356
F　甘陣　榛原郡吉田町片岡1612-1　TEL0548-32-1382
G（株）京丸　藤枝市高洲21-12　TEL054-635-3166
H　アイコン亭　浜松市本郷町1361-9　TEL053-463-6563

うなぎの佃煮

伝統の技で、うなぎの美味しさをギュッと凝縮。ご飯のおかずはもちろん、お酒の肴にも最高！肝のうま煮やお惣菜も併せてご紹介。

上①味爛鰻　甘だれ・山椒入り
右②味自鰻　山椒入り
下③自信鰻々　甘だれ・山椒なし
新鮮な国産うなぎとやわらかな粒山椒を使い、山吹独自のタレで浅炊きに仕上げた逸品。独自のタレがうなぎの旨味を引き出す。
各97g入り1575円

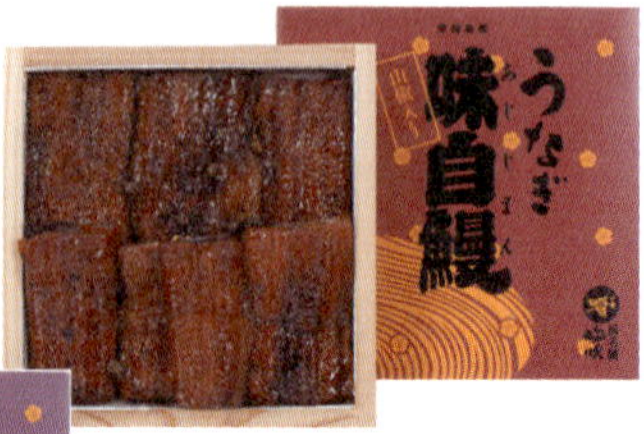

④うなつくし
袋ごと2分間ボイルし、温かいご飯に混ぜ合わせるだけで手軽に楽しめる、混ぜご飯、お茶漬けの素。1袋でお茶碗2～3杯分。60g入り630円

⑦うなぎきも
ビタミンAたっぷりのうなぎの肝を、まろやかな風味に仕上げたうま煮。わずかな苦味がクセになる。110g入り525円

⑧うなぎしぐれ煮
浜名湖産のうなぎを使い、素材本来の味を生かしながら、ふんわりとやわらかく炊きあげたしぐれ煮。150g入り1575円

⑥うなぎ佃煮
うなぎの栄養分や旨みを逃がさないよう丁寧に炊き込み、秘伝のタレで煮込んだ佃煮。子どものおやつにもおすすめ。無添加なので安心。110g入り1155円

⑤うなぎの肝うま煮
厳選したうなぎの肝をレトルト加工。ご飯にかければ肝丼に。冷蔵庫で煮凝りにしても珍味。85g入りオープン価格

〈写真番号／販売場所／販売主〉
①②③④／遠鉄店、メイワン店、浜松駅構内売店／（株）浜名湖山吹　浜松市鍛冶町140　フリーダイヤル0120-014-321
⑤／ふるさと小包または電話注文／（株）京丸　藤枝市高洲21-12　TEL054-635-3166
⑥⑦／まるとう佃煮本店、浜名湖周辺ホテル・旅館／まるとう佃煮本店　東海酵母食品（株）浜松市舘山寺町1970-1　フリーダイヤル0120-20-1949
⑧／コスタ西館店、コスタ東館店、メイワン地下店、遠鉄百貨店・うの匠店、浜松駅コンコース店ほか／（株）コスタ浜名湖　浜松市砂山町322-1コスタ西館　TEL053-454-2032

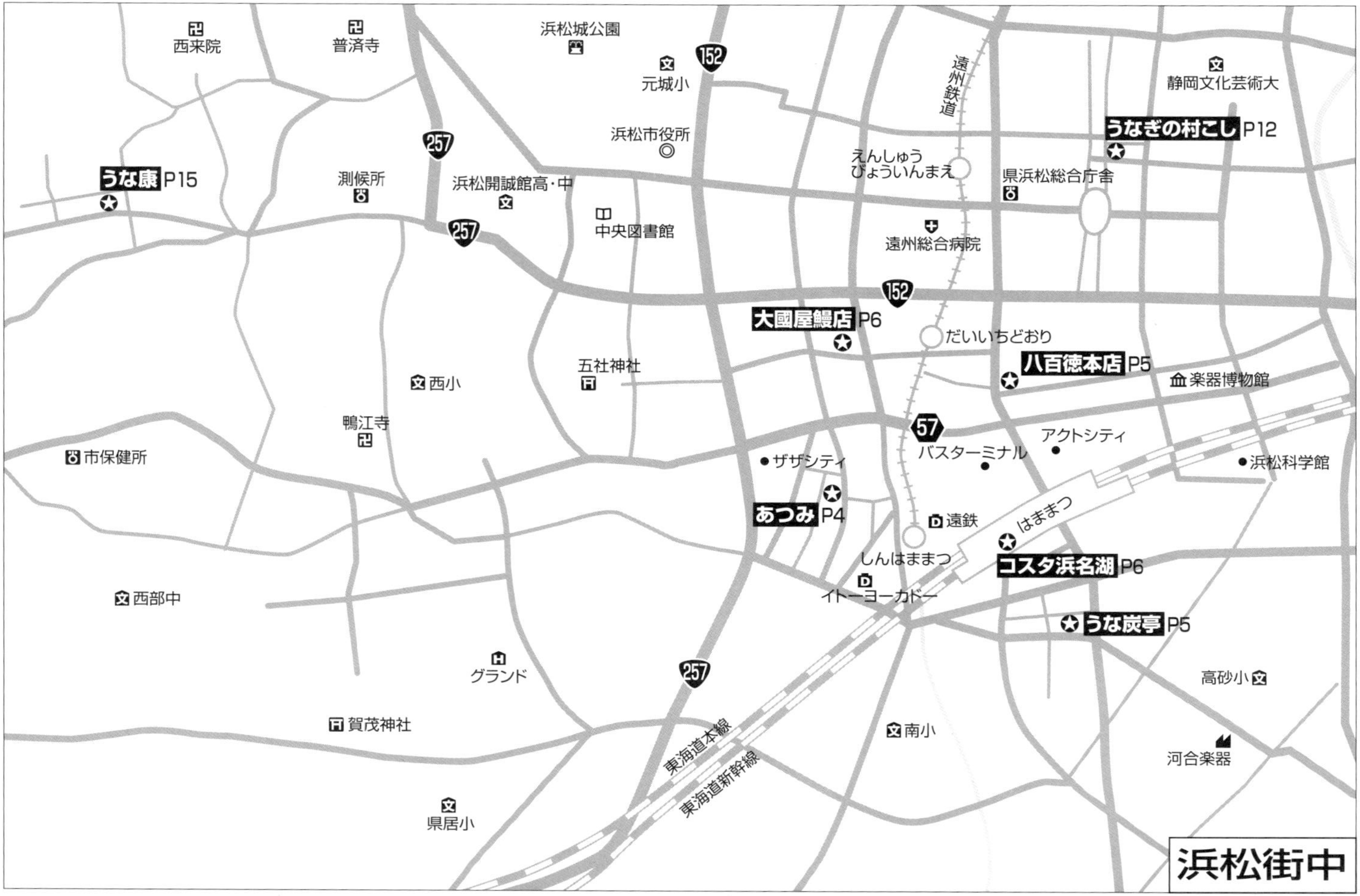
浜松街中
西来院
普済寺
浜松城公園
元城小
152
静岡文化芸術大
遠州鉄道
うなぎの村こし P12
浜松市役所
えんしゅうびょういんまえ
県浜松総合庁舎
うな康 P15
測候所
257
浜松開誠館高・中
中央図書館
遠州総合病院
152
大國屋鰻店 P6
だいいちどおり
八百徳本店 P5
楽器博物館
五社神社
西小
鴨江寺
57
アクトシティ
市保健所
ザザシティ
バスターミナル
浜松科学館
あつみ P4
遠鉄
はままつ
しんはままつ
コスタ浜名湖 P6
イトーヨーカドー
西部中
うな炭亭 P5
グランド
257
高砂小
賀茂神社
南小
東海道本線
河合楽器
東海道新幹線
県居小

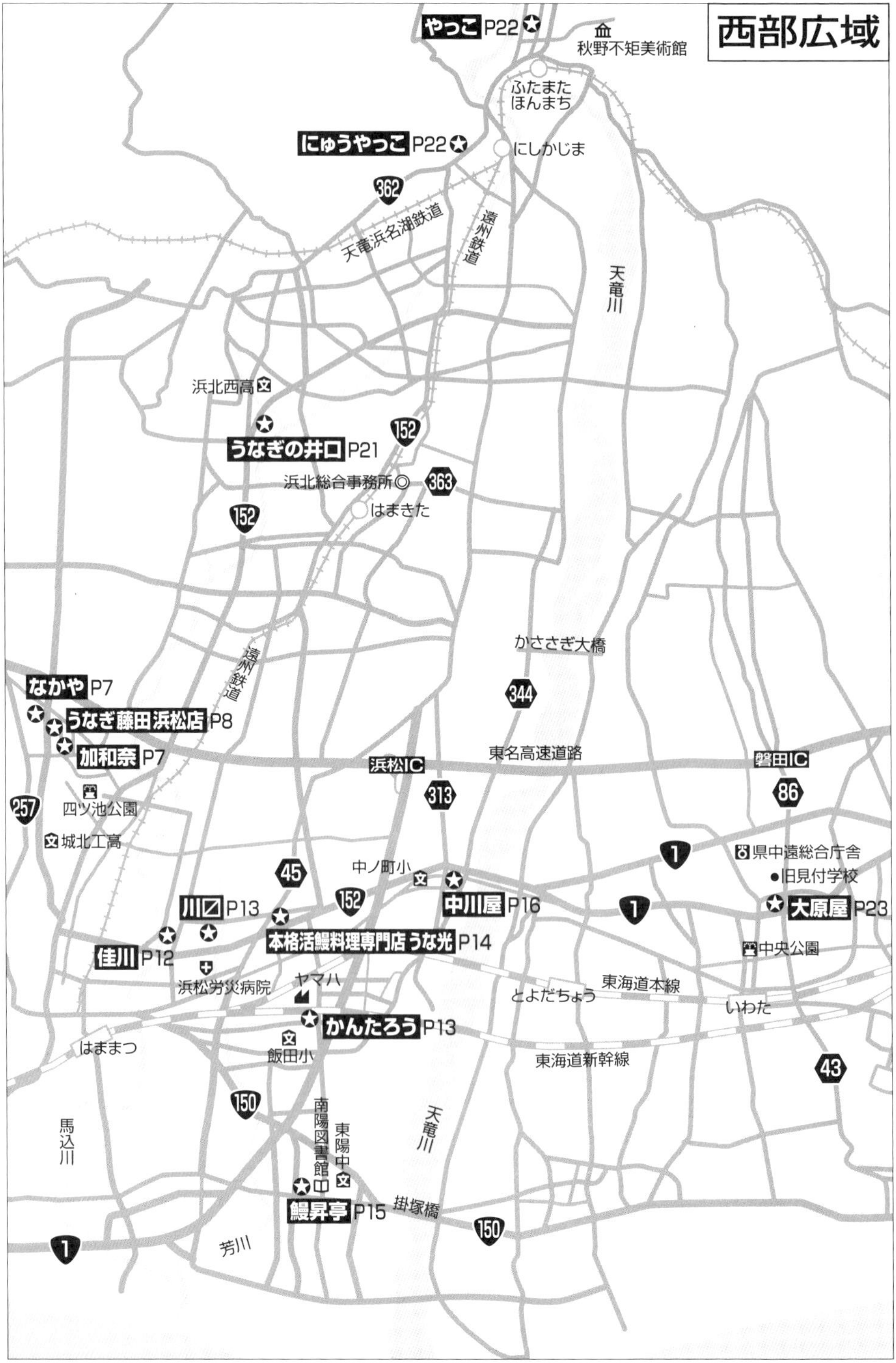
西部広域
やっこ P22
秋野不矩美術館
ふたまた
ほんまち
にゅうやっこ P22
にしかじま
362
天竜浜名湖鉄道
遠州鉄道
天竜川
浜北西高
152
うなぎの井口 P21
浜北総合事務所
363
はまきた
152
かささぎ大橋
遠州鉄道
なかや P7
うなぎ藤田浜松店 P8
加和奈 P7
344
東名高速道路
浜松IC
磐田IC
313
86
257
四ツ池公園
城北工高
1
県中遠総合庁舎
旧見付学校
45
中ノ町小
152
中川屋 P16
1
大原屋 P23
川〆 P13
本格活鰻料理専門店 うな光 P14
佳川 P12
中央公園
浜松労災病院
ヤマハ
東海道本線
とよだちょう
いわた
かんたろう P13
はままつ
飯田小
東海道新幹線
43
150
馬込川
南陽図書館
東陽中
天竜川
鰻昇亭 P15
掛塚橋
150
1
芳川

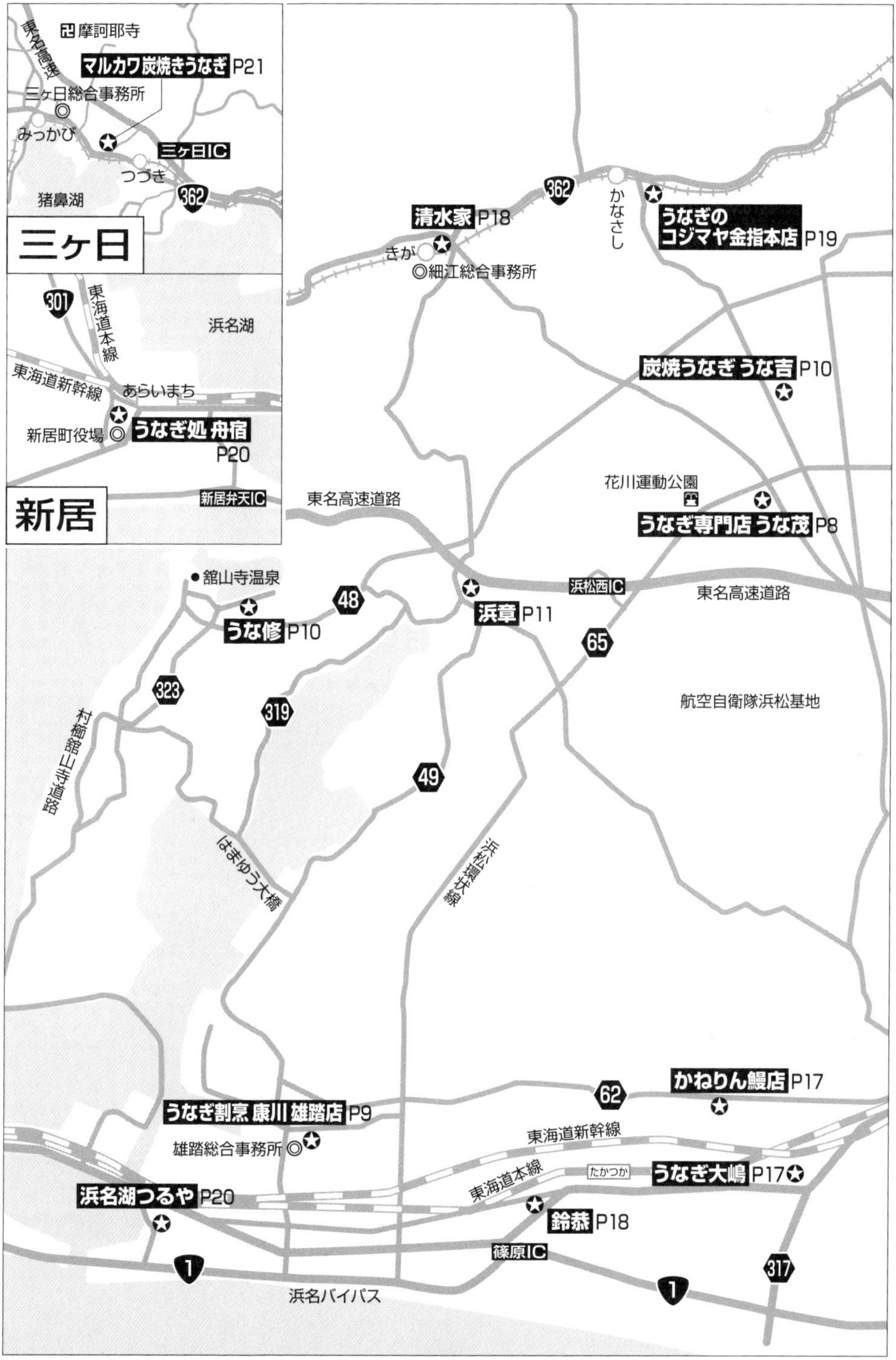

三ヶ日
摩訶耶寺
東名高速
マルカワ炭焼きうなぎ P21
三ヶ日総合事務所
みっかび
三ヶ日IC
つづき
猪鼻湖
362
新居
301
東海道本線
浜名湖
東海道新幹線
あらいまち
うなぎ処 舟宿 P20
新居町役場
新居弁天IC
清水家 P18
きが
細江総合事務所
362
かなさし
うなぎのコジマヤ金指本店 P19
炭焼うなぎ うな吉 P10
花川運動公園
うなぎ専門店 うな茂 P8
東名高速道路
館山寺温泉
うな修 P10
48
浜章 P11
浜松西IC
東名高速道路
65
323
319
航空自衛隊浜松基地
村櫛舘山寺道路
49
はまゆう大橋
浜松環状線
62
かねりん鰻店 P17
うなぎ割烹 康川 雄踏店 P9
雄踏総合事務所
東海道新幹線
東海道本線
たかつか
うなぎ大嶋 P17
浜名湖つるや P20
鈴恭 P18
篠原IC
1
317
浜名バイパス

静岡街中

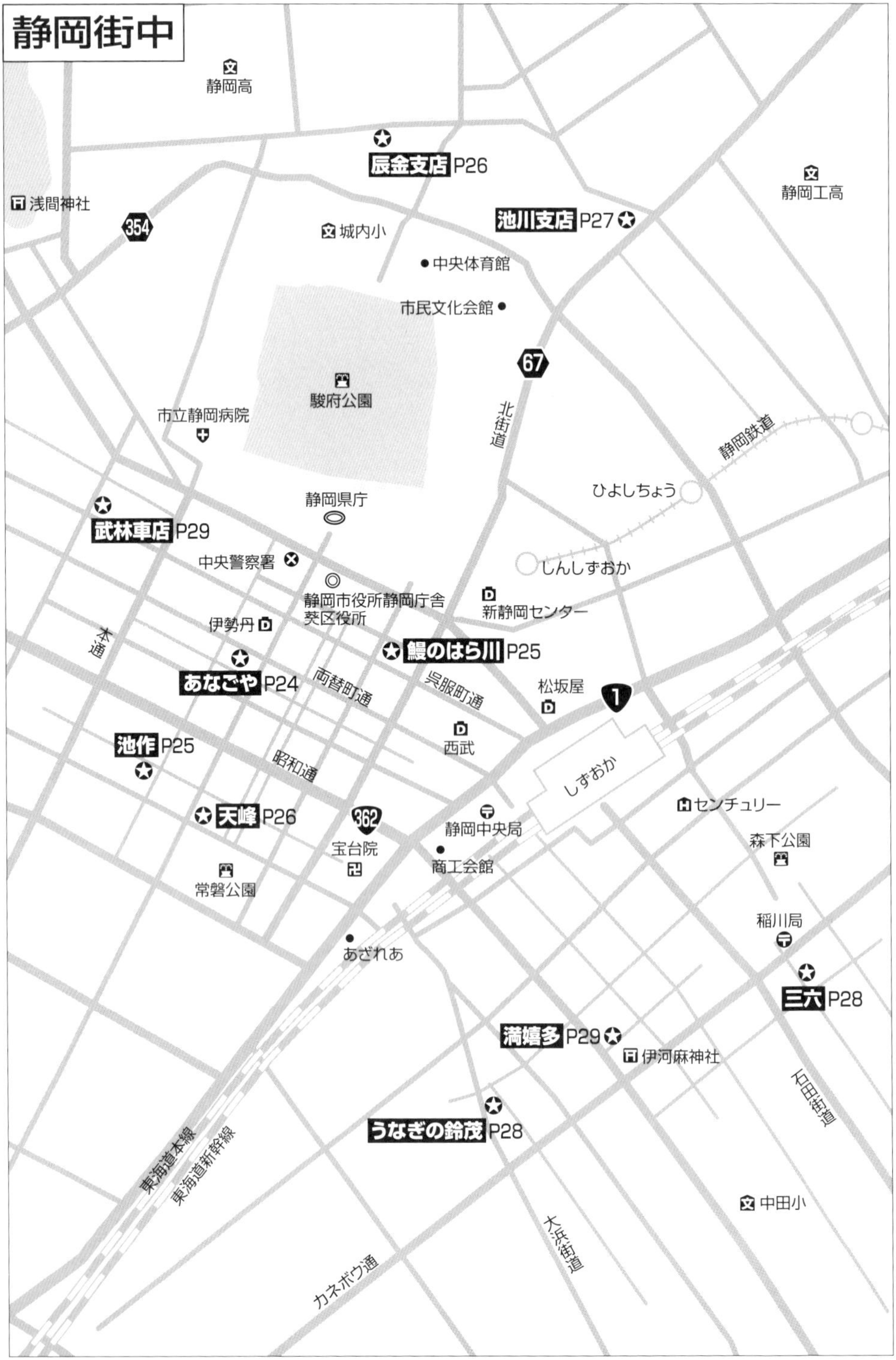

静岡高
辰金支店 P26
浅間神社
354
城内小
池川支店 P27
静岡工高
中央体育館
市民文化会館
67
駿府公園
北街道
市立静岡病院
静岡鉄道
ひよしちょう
静岡県庁
武林車店 P29
中央警察署
しんしずおか
静岡市役所静岡庁舎
葵区役所
新静岡センター
伊勢丹
本通
鰻のはら川 P25
あなごや P24
両替町通
呉服町通
松坂屋
1
西武
池作 P25
昭和通
しずおか
センチュリー
天峰 P26
362
静岡中央局
宝台院
商工会館
森下公園
常磐公園
稲川局
あざれあ
三六 P28
満嬉多 P29
伊河麻神社
石田街道
うなぎの鈴茂 P28
東海道本線
東海道新幹線
中田小
大浜街道
カネボウ通

焼津
東名高速
やいづ
うな鐵 P31
焼津中央高
豊田小
焼津神社
焼津市役所
222
三味 P32
焼津水産高
150
150
赤阪鉄工所
小川中
山之内製薬
黒石小

静岡郊外
しずおか
本通
1
ヤマダ電機
中田小
カネボウ通
大浜街道
駿河大橋
84
大里西小
うなぎの石橋 P30
安倍川
静岡大橋
長田東小
静岡IC
東新田公園
かん吉静岡店 P30
東名高速

大井川・吉田
航空自衛隊
静浜基地
東名高速
まる忠 P33
150
大井川町役場
吉田IC
大井川
34
31
吉田町役場
うな平 P33
吉田榛原署
榛原総合病院
吉田漁港

清水
ベルアージュ
西友
1
小芝神社
しみず
清水港
清水うなぎ店 P31
しんしみず
静岡市役所清水庁舎
清水区役所
いりえおか
巴川
さくらばし
清水文化センター
清水中央図書館
エスパルス
ドリームプラザ

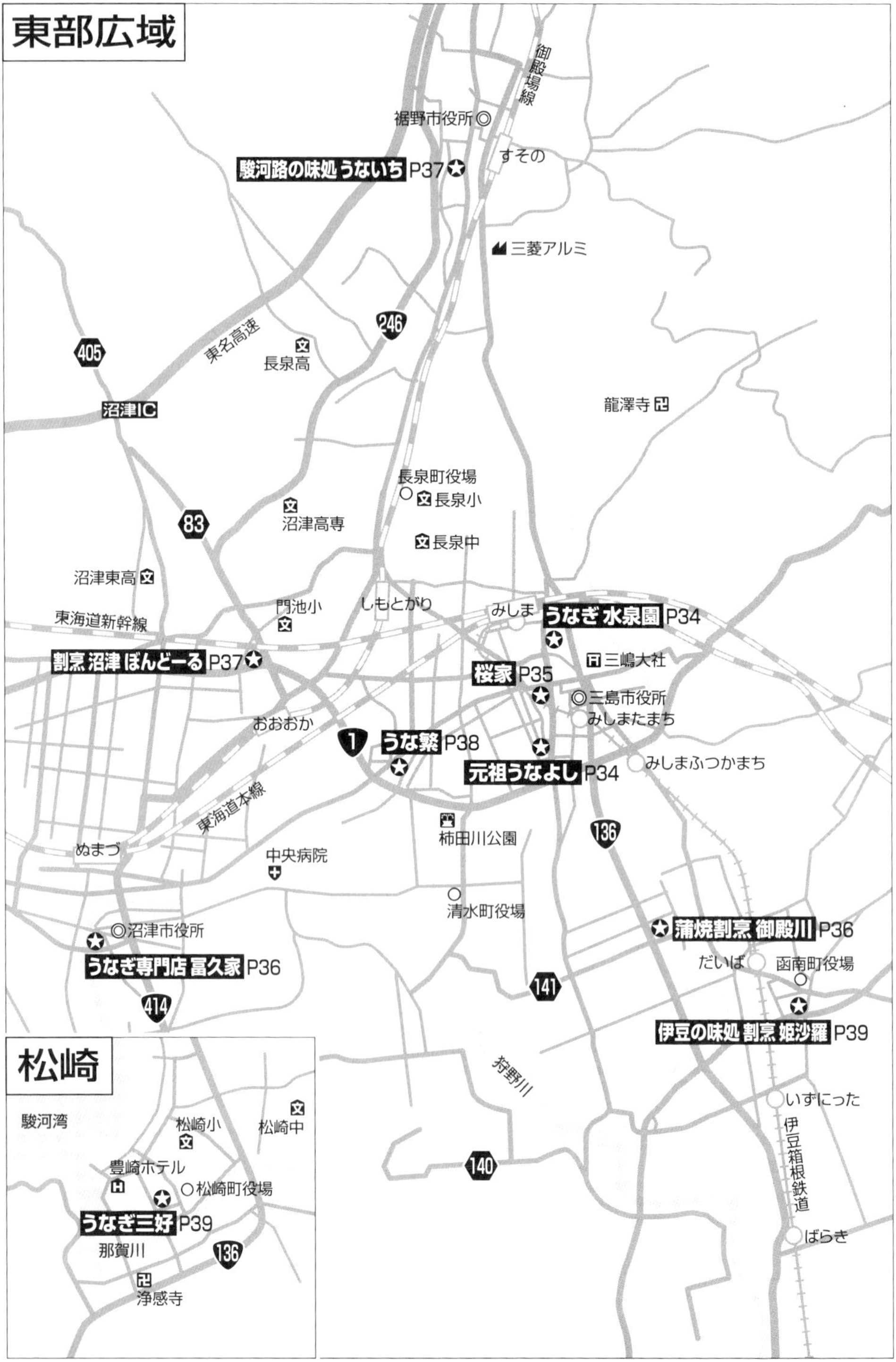
東部広域
御殿場線
裾野市役所
すその
駿河路の味処 うないち P37
三菱アルミ
246
405
東名高速
長泉高
沼津IC
龍澤寺
長泉町役場
長泉小
83
沼津高専
長泉中
沼津東高
門池小
しもとがり
みしま
うなぎ 水泉園 P34
東海道新幹線
割烹 沼津 ぼんどーる P37
三嶋大社
桜家 P35
三島市役所
みしまたまち
おおおか
1
うな繁 P38
元祖うなよし P34
みしまふつかまち
東海道本線
136
柿田川公園
ぬまづ
中央病院
清水町役場
沼津市役所
蒲焼割烹 御殿川 P36
うなぎ専門店 冨久家 P36
だいば
函南町役場
141
414
伊豆の味処 割烹 姫沙羅 P39
狩野川
いずにった
伊豆箱根鉄道
140
ばらき
松崎
駿河湾
松崎小
松崎中
豊崎ホテル
松崎町役場
うなぎ三好 P39
那賀川
136
浄感寺

うなぎのあれこれ教えます

うなぎで元気！奈良時代の合言葉

――うなぎ料理事始め――

日本人がうなぎを食べるようになったのは、いつ頃のことだろう。約四千年前の縄文貝塚から骨が出土したという記録（東京の大森貝塚ほか）もあるから、ずいぶんと古い付き合いのようである。

文献上で最初にうなぎが登場するのは、奈良時代の万葉集。大伴家持が、次のような歌を詠んでいる。

石麻呂（いしまろ）に
我物申す　夏痩せに　良しといふものぞ
鰻（むなぎ）捕り食（め）せ

巻十六・三八五三

痩（や）す痩すも
生けらばあらむを　将（はた）やはた
鰻（むなぎ）を捕（と）ると　川に流るな

巻十六・三八五四

二首とも、石麻呂（吉田連老）という人物に贈った歌である。この人は病的に痩せていて、いくら食べても太らなかった。そこで家持が「石麻呂さん、うなぎは夏痩せに良いと聞くから、捕って食べたらどうですか」と教えたわけである。

ところが、二首目では掌を返したように「痩せていても、じっとしていれば生きられます。元気になりたい一心で、うなぎを捕ろうとして川に入って流されたら元も子もないですよ」と忠告している。いずれも戯れ歌であるが、当時からうなぎが滋養強壮に効く健康食品として認知されていたことがうかがえる。

さて、歌にもあるように、その昔、うなぎは「ムナギ」と呼ばれていた。当て字は年代によって異なり、万葉集（七～八世紀）では武奈伎・牟奈伎などが使われた。以後、新撰字鏡（九世紀末）に牟奈支、本草和名（九一八年）に牟奈岐、和名類聚抄（九三四年頃）には無奈木といった表記を見ることができる。

「ムナギ」という言葉の起源には諸説あるが、有力なところでは、次のようなものがある。

1　天然うなぎの胸が、黄色っぽいところから「胸黄（ムナキ）」。やがて「ムナギ」に転化した。
2　うなぎの形が棟木（むなぎ）に似ているから。
3　「ム」は身を意味し、蛇の古名である「ナギ」が長いものを表す言葉であることから、「身が長い」ということを表現したもの。

「ムナギ」の呼び名は十二世紀頃まで広く使われ、その後、徐々に変化していく。十七世紀以降は、完全に「ウナギ」（※）で統一されたようである。

変化したのは、名前だけではない。うなぎの代表的な調理法といえば蒲焼きだが、これも当初は胴体を輪切りにして塩焼きにしただけの、ワイルドな料理だったようだ（「なにゆえ、カバ？　蒲焼きの語源」62頁参照）。文献に初めて蒲焼きという言葉が現れるのは、室町時代の「鈴鹿家記（一三九九年）」である。

江戸時代になると、裂いた身にタレを付けて調理する現代風のスタイルが登場し、蒲焼き人気に火がつく。ミシュランガイドのような「江戸前大蒲焼番付」も発行されていたというから、熱中ぶりがうかがえる。

うなぎはスタミナ食としても、その地位を確立していたようで、江戸時代に刊行された「本朝食鑑」でも「疲れを除き、腰や膝を暖めて、精力をさかんにし、風邪を治す」と、その効果を絶賛している。

蒲焼きが流行した要因のひとつとして、調理法の改良に加え、千葉県銚子で作られるようになった濃口醤油の存在も忘れることはできないだろう。味・風味ともに格段に優れた調味料の登場により、うなぎ、寿司、天ぷらといった和食の質が急速にレベルアップし、江戸のグルメブームを牽引していったのである。

以降、うなぎの人気は揺らぐことなく続き、現代に

至っている。昭和に入り、生産形態は天然物から養殖へと変化したが、魅力あふれる憧れの食材であることに変わりはない。諸外国にもうなぎを食べる習慣はあるが、消費量においては日本がダントツ。全世界の総生産の実に五〇パーセント近くを占めているのだ。国民一人当たり換算で、一年間に四尾の蒲焼きを食べている計算になる（意外と少ないようにも感じるが…）。

季節感は薄れたものの、土用の丑の日には、今も律儀にうなぎ屋の前に行列ができる。炭火に落ちた脂から立ち上る白煙。もわもわと漂う芳しい香り。そんな情景を想像するだけで、思わず喉が鳴ってしまうのは、太古の昔から脈々と受け継がれてきた、日本人固有の条件反射なのかもしれない。

※「ウナギ」は、魚長（ウオナガキ）という言葉が変化したとの見解もある。落語には、鵜がうなぎをくわえたら首に巻きついて難儀したので、鵜難儀（うなんぎ）＝うなぎ、という強引な説が登場するが、これは洒落だろう。

江戸時代のコマーシャル？
――土用の丑とうなぎの関係――

土用の丑の日のうなぎは、日本人にとって馴染み深い風物詩である。この風習にまつわる俗説をいくつか紹介しよう。まず、有名なところでは、江戸の蘭学者、平賀源内にまつわる逸話。

ある夏の事。源内はうなぎ屋の主人に店を繁盛させてほしいと相談される。思いついた妙案が「本日土用丑の日」というキャッチコピー。この書を看板にして店に掲げたところ、たちまち大繁盛したというのだ。

源内のコマーシャル説は、当時の世相や風俗を書いた「明和誌」にも記され、定説の扱いを受けている。エピソードとしても非常に面白い。が、どうにも眉唾くさいのだ。文献を調べてみると、京都では源内が生まれる百年以上も昔から、土用の丑の日にうなぎやハモなど、色の黒いものを食べる習慣があったことが記されているのである。

源内に次いで有名なのが、江戸時代の学識者として知られた、大田蜀山人（南畝）の考案という説。この人が「土用丑の日にうなぎを食べれば病気にかからない」という意味の狂歌を作って、土用うなぎの風習を広めたというのだ。この話は「天保佳話」という本に記されている。

文政年間に、神田のうなぎ屋「春木屋」から広まったという説も面白い。ある夏のこと、春木屋の主人は大名からうなぎの蒲焼きの予約注文を受けた。そこで土用の子、丑、寅の三日にわたってうなぎを焼き、土瓶に密封して蔵に保管しておいた。品物を納める当日。蔵から土瓶を出してみると、不思議なことに丑の日に焼いた物だけが色鮮やかで香りも変わらなかったという。この逸話が元になり、いつしか「うなぎは土用の丑の日に」という風習が広まったというのである。

変わったところでは、中国から渡来した「陰陽五行説」に由来するなど諸説紛々。いずれにせよ、夏バテ防止のためにうなぎを食べるのは、栄養学的見地からも理にかなっているわけで、経験則が積み重なり、風習として世間に定着していったことは確かだろう。

ちなみに、「土用」とは陰暦で立春、立夏、立秋、立冬の前の十八日間（十九日の場合もある）を指す。つまり、うなぎを食べるべき「土用」は立秋の前日までの「夏の土用」ということになる。また、丑は子丑寅卯……という十二支を一日ごとに割り当てた日の一つで、十二日周期で巡ってくる。このため、土用の期間に丑の日が二度あるという年もあるのだ。この場合、最初の丑の日を「初丑」、二番目を「二の丑」と呼ぶ。

ビタミンたっぷり、スタミナ食！
—うなぎの栄養—

栄養価の高い食品として知られるうなぎ。その実力は、いかなるものか。含有成分の中で、群を抜いているのがビタミンＡ。肉や肝臓に多量に含まれ、その量は蒲焼きの可食部一〇〇グラム当たり一五〇〇マイクログラム、豚肉や牛肉のなんと三〇〇～五〇〇倍に相当する。参考までに言えば、成人男子一日分のビタミンＡ所要量は六〇〇マイクログラム。うな重一杯で二日分以上補えてしまう計算だ。

ビタミンＡが不足すると、夜盲症になったり、皮膚や粘膜がカサカサになるといった障害が出やすくなる。また、骨や歯の成長にも関係が深く、免疫機能を維持する働きもあるため、育ち盛りの子どもや抵抗力の弱い年輩者にも欠かせない。最近ではガンの予防や治療効果があることもわかってきた。ただし、ビタミンＡは脂溶性で水に溶けないため、摂りすぎにはご注意を。

うなぎに豊富に含まれる成分として、ビタミンＥにも注目したい。可食部一〇〇グラム当たり四・九ミリグラムという値は、牛肉・豚肉の約一〇倍だ。ビタミンＥは老化防止や冷え症、シミ・しもやけなどに効果があるほか、アルコールにより肝臓に脂肪が蓄積（いわゆる脂肪肝）されるのを抑える働きも期待できるという。うなぎを肴にお酒を嗜むというのは、生理学的にも正しい行為なのだ。

これ以外にも、夏バテ防止に効果のあるビタミンＢ類、イライラを防ぐカルシウム、骨粗しょう症に効果のあるビタミンＫなどが、消化・吸収されやすい形でたっぷり含まれている。さらに、うなぎの皮の表面を覆っているヌルヌルとした物質「ムチン」は、胃壁を保護し、粘膜を修復する作用があるという。まさに、完全無欠のスタミナ健康食といったところだ。

うなぎはカロリーが高そうだから太るのでは、と心配する人もいるようだが、実際のエネルギーは牛肉・豚肉とさほど変わらない。気になる脂質は一〇〇グラム中約二一グラムと多いものの、魚類に含まれる脂肪の成分は不飽和脂肪酸なので、逆にコレステロールを抑制する効果があるのだ。加えて、この脂肪の中には、知能力や記憶力を向上させるＤＨＡがたっぷり。受験生にも、おすすめしたい。

余談になるが、うなぎを食べると精がつくともいわれるが、これは人間の精子を構成する主要なタンパク質であるアルギニンというアミノ酸が、うなぎの脂肪に多量に含まれているためである。

獣肉の禁じられていた時代、うなぎは庶民が口にできる最も栄養価の高い食品だった。土用の丑の日にうなぎを食べて夏バテを防止するという習慣は、科学的にも理にかなっていたわけである。

100g当たりに含まれる栄養成分量	エネルギー (kcal)	たんぱく質 (g)	脂質 (g)	カルシウム (mg)	ビタミンA (μg)	ビタミンE (mg)	ビタミンB_1 (mg)	ビタミンB_2 (mg)
うなぎ（養殖・生）	255	17.1	19.3	130	2400	7.4	0.37	0.48
うなぎ（蒲焼）	293	23.0	21.0	150	1500	4.9	0.75	0.74
牛肉（かたロース・脂身つき・生）	411	13.8	37.4	3	3	0.5	0.06	0.17
牛肉（かた・脂身つき・生）	286	17.7	22.3	4	微量	0.4	0.08	0.21
豚肉（かたロース・脂身つき・生）	253	17.1	19.2	4	6	0.4	0.63	0.23
豚肉（かた・脂身つき・生）	216	18.5	14.6	4	5	0.3	0.66	0.23
にわとり（成鶏・もも皮つき・生）	253	17.3	19.1	8	47	0.1	0.07	0.23
まいわし（生）	217	19.8	13.9	70	40	0.7	0.03	0.36
まさば（生）	202	20.7	12.1	9	24	0.9	0.15	0.28
かつお（春獲り・生）	114	25.8	0.5	11	5	0.3	0.13	0.17
くろまぐろ（赤身・生）	125	26.4	1.4	5	83	0.8	0.10	0.05
まだい（養殖・生）	194	21.7	10.8	11	11	2.4	0.34	0.09
普通牛乳	67	3.3	3.8	110	38	0.1	0.04	0.15

文中および表内のデータは「日本食品標準成分表（五訂）」より

ピリッと山椒コラム

なにゆえ、カバ？ 蒲焼きの語源

「蒲焼き」なる言葉は室町時代に誕生したといわれ、その起源には二つの有名な説がある。

当時の蒲焼きは、現在のように身を開かず、口から尾にかけて竹串を刺して塩焼きにしたという(※)。その竹輪様の形が「蒲（ガマ）の穂」に似ていたから「ガマ＝ヤキ」、転じて「カバヤキ」になった、というのが一つ目の説。これは江戸の国学者で、大のうなぎファンだった斎藤彦麿の著書「傍廂(かたびさし)」に記されている。

蒲焼き誕生のもう一つの説は、焼いた身の部分の色が「樺（カバ／カバノキ科の植物の総称）の皮」に似ているからというもの。こちらは江戸の戯作者、山東京伝の風俗考証本「骨董集」に記されている。

いずれも、真偽のほどは定かでないが、後者はなんとなく開いてから焼いた状態をイメージさせる（姿焼きでは、身の部分が見えないはずだ）。江戸時代以前の蒲焼きのスタイルから考えると、前者にやや分があるような気がするのである。

なお、うなぎを焼くと、芳しい（かんばしい）香りがすることから、「かんばしい焼」→「かば焼」になったとの説もあるが、こちらは提唱者不明。

※室町時代後期の「大草家料理書」という本に、当時の蒲焼きの詳しい調理法が記されている。興味があればひもといてみるのもいいだろう。

静岡県と うなぎの 深い関係

「うなぎ王国」誕生へ
―静岡県養鰻業の歴史―

明治中期に始まり、大正後期から昭和四十年代にかけて怒濤の勢いで規模を拡大した静岡県の養鰻業。その代名詞的存在でもある、浜名湖うなぎの歴史を振り返ってみよう。

浜名湖畔で本格的に養鰻業がスタートしたのは明治三十三年。養鰻業の父と呼ばれた服部倉治郎が、雄踏の中村源左衛門正輔と共にうなぎの養魚場を開いたのが始まりである。それ以前にも、新居町大元屋敷の原田仙右衛門、舞阪の庄屋、那須田又七といった先人が養鰻を試みたが、いずれも商業ベースに乗せるには至らなかったようだ。

服部家は代々、長州藩御用の「鮒五」という老舗川魚問屋で、享保年間に開発を始めた広大な埋立地を所有する大地主だった。明治三十年のある日、商用で愛知県へ出向いた服部氏は、汽車の窓から浜名湖を眺めていた。そして、この付近一帯が養魚に最適であると確信する。

気候は温暖で、原料うなぎが豊富に捕れ、天竜川を源とする豊富な地下水もある。隣接する長野県や愛知県西部地域は養蚕が盛んで、サナギ（当時のうなぎの餌）を安い価格で簡単に入手できる。また、東京と大阪という二大消費地の真ん中に位置し、交通の便も良い。浜名湖周辺には養鰻業を始めるための好条件が見事に揃っていたのである。服部氏はさっそく綿密な調査を行い、一大プロジェクトを立ち上げた。

服部氏の夢に共感したのが、中村源左衛門正輔である。明治二十八年に大日本水産会水産伝習所（現東京水産大学）を卒業した中村氏は、恩師から服部氏のこ

うなぎの出荷風景（昭和30年代後半）

とを聞き、早速、連絡を取った。経験豊富な服部氏、専門知識を有する中村氏。最強タッグの誕生である。

　二人は那須田又七の所有していた土地を入手して養魚場を開き、本格的にうなぎ養殖を始めた。事業が見事に成功すると、真似をする人が続々と現れた。当時、このあたりは荒れ果てた原野が広がり地価も安く、一獲千金を狙った事業家がこぞって養鰻事業を立ち上げたという。こうして、浜名湖畔に一大養鰻産地が形成されていくのである。

活鰻の輸送に使った竹かごの組ザル（昭和30年代後半）

　明治四十三年に漁業法が制定され、公有水面が使えるようになると、一ヘクタールを超える大規模な養鰻池が登場し始める。池の数も加速度的に増え、大正十五年には全面積で五百ヘクタール強に達した。
　ところが、同業者が増えると、当然ながら原料うなぎ（クロコ）の数が不足してくる。当時は、川魚漁で捕れた原料うなぎを池に放ち、餌を与えて商品価値が出る大きさまで育てるという方法が主流だったが、浜名湖周辺だけでは需要をまかなえなくなり、やがて霞ヶ浦や利根川産のうなぎが用いられるようになった。池入れの時期になると、舞阪駅に、原料うなぎの入った竹かごが次から次へと到着し、大いに賑わいを見せたという。
　しかし、昭和三年頃になると、天然の原料うなぎがいよいよ捕れなくなってくる。一時は海外からの空輸も行われたが、経費や手間の面から定着はしなかった。この頃から、稚魚（シラスウナギ）を種苗に使う方法が、徐々に試みられるようになる。
　昭和十六年、太平洋戦争がぼっ発し、戦時経済体制のもとで養鰻用飼料は統制下におかれた。戦況が激化してくる昭和十八年には、うなぎの生産は全面的に中断。しかし、終戦後、冬場に海から川に遡行する稚魚

（シラスウナギ）を河口で採取して餌付けするという現在の養殖法が確立し、業界は急速に復興する。

　時代を経る間に餌の改良も行われ、それまでのサナギからホッケ、カレイ、イワシなどの鮮魚へと変化した。その後、魚の漁獲量が減り、生餌を与えることが難しくなると、主流は魚粉に澱粉とビタミンなどの薬品を加えた配合飼料に取って代わられた。

　昭和三十年代の養鰻業は、静岡県、とりわけ浜名湖の独占状態だった。当地の相場がそのまま全国相場になった。成鰻の値段は一キロ五百～六百円、良い時には八百円をつけたが、これは約半世紀後の平成十四年の安値とほぼ同じ。物価の変動から考えれば、化け物のような相場だ。この頃の養鰻業者は、サラリーマンの一生分の利益を数年で稼いだといわれるが、十分あり得る話である。

　昭和四十年代に入ると、うなぎ養殖の技術は大きな変革期を迎えた。露地養殖から加温式養殖への転換である。うなぎは温かい場所にいると早く育つ。加温式養殖はこの性質を利用したもので、池全体にビニールを被せて温室状態にし、ボイラーで水温を上昇させるわけである。

　通常、シラスウナギは冬場に餌を食べないため、露地養殖で出荷できるまでには一年半から三年の期間が必要だった。しかし、ハウス養殖で一年中餌を与えれば、半年から一年半ほどで成鰻にすることが可能となる。また、養成期間を短くすることで、病気などのリスクが減り歩留まりも改善された。ちなみに、昭和四十年代に発生した病気「えら腎炎」は、露地池の中のうなぎを全滅させるほどの猛威を振るったが、これは

吉田地区の養鰻池（昭和44年）

うなぎが冬眠中に死んだため春まで気づかず、被害が拡大したといわれている。

餌の改良とハウス養鰻への転換。二つの技術革新も手伝って、うなぎの生産効率は格段にアップした。高度成長期に入ると、各地の河川が開発され、それに伴い天然うなぎの漁獲量は激減。養殖うなぎの需要はますます増大した。減反政策で廃田になった土地を養殖池に変える農家も多かったという。昭和四十五年には、浜名湖周辺の養鰻池総面積は千三百八十二ヘクタール、生産量は九四〇一トンに到達。静岡の養鰻業は、ここに黄金時代を迎えるのである。

その後、昭和五十年代前半まで、静岡県はうなぎ出荷量日本一を誇っていた。しかし、昭和五十年代後半

ハウス加温式養殖池

を境に、地下水の減少やシラスウナギの不漁といったリスクを嫌い、養鰻をやめる人が増え始めた。
現在、静岡県の養殖うなぎ生産量は、最盛期の三分の一以下に落ち込んでいる。トップの座は、残念ながら鹿児島県や愛知県に奪われてしまった。輸入品も年々増加の一途をたどり、今では国内の年間消費量の七割以上を台湾やマレーシアなど、海外からの輸入に依存している。浜名湖や吉田の養鰻業者が高額納税者番付に名を連ねていた頃の、華々しい過去を知る人にとっては、なんとも寂しい現状である。
しかしながら、生産量こそ減ったものの、「静岡うなぎ」のブランド力はいまだ健在。県内の養鰻業者や組合関係者も、こぞってこの点に注目している。これからの時代は、量より質。いかに他地域との差別化を図り、おいしいうなぎの評価を高められるか。そこが、勝負の分かれ目になることは間違いないだろう。
静岡うなぎの未来に栄光あれ。

取材協力／浜名湖養魚漁業協同組合

ピリッと山椒コラム

食い意地は発明の母
うな丼誕生物語

手軽なメニューとして人気のある「うな丼」は、江戸時代に考案された料理だといわれている。

創始者は芝居の金方（資金を出す人）で、うなぎの愛好家としても知られた大久保今助なる人物。時は今より約二百年前の文化年間。多忙な日々を送っていた大久保今助は、好きなうなぎを食べに行く時間がなく、いつも店から出前を取っていた。しかし、ご存知のように蒲焼きというのは、冷めると美味しさが半減する。店主はお得意さまを気遣い、温めた糠（ぬか）で保温した状態で届けていたそうである。

ところが、いざ食べる段になると、この糠がかなりの厄介者だった。取り除くのに手間がかかるし、おまけに、においも少々気になる。そこで今助は閃いた。糠の代わりに丼に熱々のご飯を入れ、上に蒲焼きを乗せたらどうだろう。これなら蒲焼きも冷めないし、さらにご飯にタレが染み込んで美味しく頂けるから一石二鳥。西洋には、トランプをしながら食事をするためにサンドイッチを考案した伯爵もいたが、まさに食い意地は発明の母である。以来、うな丼は江戸中で大流行し、一般に広まったという。

ちなみに、今助が江戸から故郷（現在の茨城県常陸太田市）に帰省する際に通った水戸街道の牛久沼付近は、現在もうなぎ店が軒を連ね、別名「うなぎ街道」と呼ばれている。

うなぎの生態はナゾだらけ！
―完全養殖への挑戦―

うなぎは「ウナギ目」に属する魚で、現在、全世界で十八種類が確認されている。そのうち日本には「ウナギ（通称ニホンウナギ）」と「オオウナギ」の二種類が生息している。最近、スーパーなどで見かけるようになった「ヨーロッパウナギ」は、中国や台湾などから輸入されたものだ。

国内の養殖に用いる種苗は、冬から春にかけて日本沿岸にやってくるシラスウナギ（ニホンウナギの幼魚）である。その漁獲量は、生産者の最大の関心事といっても過言ではない（※）。これだけ科学が発達した時代だが、うなぎの生態に関しては謎が多く、シラスウナギは一〇〇パーセント天然物が頼り。原料の価格は自然任せという状態を、余儀なくされているのだ。

この現状をなんとか打破するために、国や県の関係各研究機関もさまざまな取組みを行っている。しかし、現在までのところ、革新的な発見には至っていない。

うなぎの産卵場所は幼生の採集状況などから、マリアナ諸島の西、水深四千メートルの海域にある海山（海の中の山）周辺だろうと推測されている。生まれたばかりの赤ちゃんは、北赤道海流で西に運ばれる間に、柳の葉のような形のレプトケファルス（幼生）になり、その後、フィリピン沖で黒潮の流れに乗り換え、中国や日本の沿岸に辿り着く。この頃には透明なシラスウナギに姿を変えている。

接岸後、河川や沼に向かう頃には色素がついて黒っぽく変化し（クロコ）、さらに成長するに従い、黄色の体色を帯びてくる。天然のうなぎは五～十年ほど河や湖、沼などで過ごし、最後は

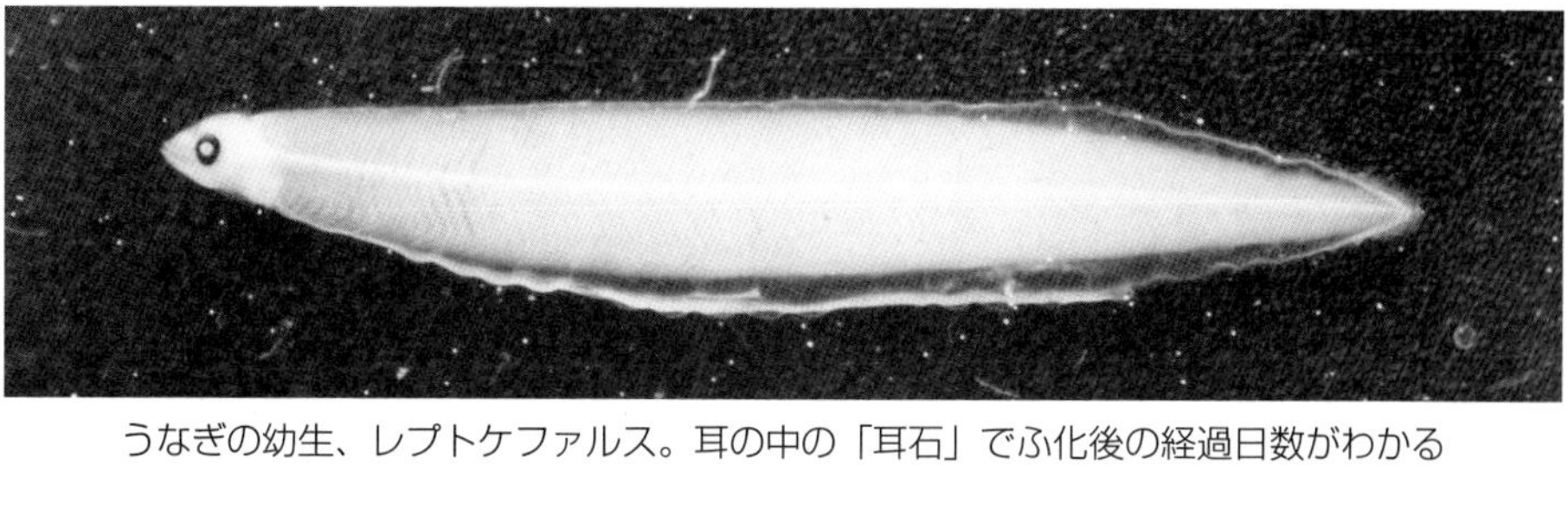

うなぎの幼生、レプトケファルス。耳の中の「耳石」でふ化後の経過日数がわかる

銀うなぎとなって、再び生まれ故郷の海に戻るといわれている。

うなぎの種苗生産研究で知られる、静岡県水産試験場浜名湖分場・主任研究員の吉川昌之さんによれば、「うなぎの生活史の中で最大の謎は、レプトケファルスの時期の餌。この謎に明確な答えが出れば、養鰻業の世界は一変しますよ」

うなぎの人工ふ化は、昭和四十八年に北海道大学が世界で初めて成功している。翌年には静岡県水産試験場浜名湖分場が続き、さらに昭和五十一年には千葉県内水面水産試験場、昭和五十二年には東京大学が成果を出している。ただ、ふ化の技術は確立されたものの、それを長期間飼育することは叶わなかった。何を食べさせたらいいのかわからず、すべて餓死させてしまったのだ。

謎を解明するために、吉川さんたちも、何度か産卵場と目されている海域に赴き調査を行っている。レプトケファルスは昼間は深く潜っていて、夜になると数十から数百メートルの水深まで上がってくる。そこを大きな網で捕獲するのだが、個体数が極めて少ない。一すくいして数匹入れば大成功というレベルである。まったく捕れないことも珍しくないという。

さらに、苦労の末にレプトケファルスを採取しても、調べてみると胃袋の中はどれも空っぽ。食べ物のカスでも残っていれば餌のヒントになるが、いまだ、その痕跡すら見つかっていないという。このあたりの海域にはプランクトンが少なく、魚たちもそう簡単に餌にはありつけない。生まれたばかりで泳力も弱いレプトケファルスなら、なおのこと。満腹状態の一匹に遭遇

静岡県水産試験場の調査船「駿河丸」

する確率は、砂浜で針を探すようなものだろう。

ちなみに、数年前、三重県にある独立行政法人養殖研究所が鮫の卵をベースにしたペースト状の練り物で、長期飼育に成功したとのニュースが流れたが、生き残ったのは数万尾のうち数尾だとか。この歩留まりの悪さでは、到底、商業ベースには乗りそうにない。「もっと適切な餌が、必ずあるはずです」と吉川さんは力説する。

レプトケファルスの餌さえ解明できれば、人工シラスウナギを量産することは難しくない。そうなれば、天然シラスウナギの漁獲量に振り回されることもなく、相場は安定する。うなぎは今より、もっともっと身近な存在になることだろう。もしかしたら、二日に一度は蒲焼きなどという、庶民にとって夢のような献立が、当たり前になるかもしれないのだ。

レプトケファルス採取の様子

今年、うなぎの種苗生産をテーマにした、国家レベルの大規模な研究プロジェクトが立ち上げられたそうである。Xデーは意外と近いのかもしれない。

取材協力／静岡県水産試験場浜名湖分場

※　シラスウナギ一キロあたりの相場は二十～三十万円程度で推移していたが、近年は漁獲量が減少し、高値をつける傾向にある。平成九～十一年には百万円を超えたこともあり話題になった。原料の相場が上がれば、成鰻も値上げせざるを得ない。生産者、販売者共に、頭を悩ませるところだ。昨年暮れから今年にかけての水揚げ量も、平年を大幅に下回っている。小売価格への影響は、今年の夏以降に出てくるという。少々、心配である。

ピリッと山椒コラム

うなぎと山椒はベストカップル

うなぎの蒲焼きに欠かせない薬味といえば山椒。その実は、消化に良い漢方薬として知られている。脂肪の酸化を抑制し、胃の消化を助ける役目を持っているため、うなぎとの相性はぴったりだ。

ところで、このカップルの誕生には、ちょっぴり切ない背景があることをご存知だろうか。

養鰻業の黎明期、うなぎの餌として広く利用されたのが、蚕のサナギである。養蚕業の副産物だったため値段が安く、量も豊富で入手も簡単と良いことずくめだったが、唯一、欠点があった。この餌でうなぎを育てると、身に特有の悪臭がついたのだ。哀しいかな、明治・大正期の養殖うなぎは「臭い！」というレッテルを貼られていたのである。

このにおいをごまかすために、香りの強い山椒の粉を振りかけて食べたのが、そもそもの始まり。後年、養殖うなぎの餌は配合飼料が主流となり、においの問題は解決したが、山椒を振りかけるという習慣はいつの間にか一人歩きしていたのである。

ちなみに、うなぎの付け合わせとして「奈良漬」もポピュラーだが、原料に使う酒粕の色素（メラノイジン）には、うなぎに含まれるビタミンやカルシウムの体内への吸収を助ける働きがあるといわれている。

露地うなぎを新時代の担い手に
――養鰻場探訪・浜松市――

明治三十三年に服部倉治郎が養鰻業を始めた時から、うなぎは露地池で育てるのが当たり前だった。昭和四十年代まで、浜名湖を走る東海道線の車窓の先には、見渡す限りの養殖池が続いていたという。ところが、昭和五十年代に入ると、高い生産性を誇るハウス養殖が主流となり、風景は一変する。転換が難しい巨大な露地池は、雑草に覆われ、あるいは埋め立てられ、すっかり姿をひそめてしまう。が、いつの時代にも気骨ある人はいるものだ。篠原地区で、今なお、昔ながらの露地池を活用する鈴木希彦さん（鈴林養魚代表）もそのひとりである。

鈴木さんの実家は、昭和二十年代から湖西で養鰻業を営んでいたが、今から二十五年ほど前に水質が悪化し、やむなく当地に移転。人から継いだ露地池で、心機一転して養殖を再開した。以来、変わらぬ方法でうなぎを作り続けている。現在、露地池を稼動させている生産者は全国的にも珍しく、浜名湖エリアでも数軒を数える程度という。

浜名湖では大半が二年以上かけて成鰻にする「周年養殖」だが、鈴木さんの場合はハウス池と露地池を併用した「単年養殖」の形態をとっている。生産規模は、露地池が一五〇〇坪二枚、一八〇〇坪二枚、四〇〇坪一枚。ハウス池は全四面で合計四〇〇坪。

十二月初旬、シーズン最初のシラスウナギを仕入れ、まずはハウスの小さな池に。その後、成長に応じて選別しながら、大きさに合わせて四段階に池を変えていく。初夏、気温が上昇してくると、うなぎたちは広々とした露地池に移される。ここで約五カ月間にわたって自由を謳歌した後、十月初旬頃までにすべてが出荷される。

単年養殖の場合、シラスウナギから出荷するま

配合飼料に集まる露地池のうなぎ
（浜名湖養魚漁業協同組合パンフレットより）

での歩留まりはほぼ一〇〇パーセントだ。鈴木さん曰く「長く飼えば飼うほど、死ぬ確率は高くなる。人間だって、長く生きてりゃ体力が弱まって病気にかかりやすくなる。うなぎも一緒だよ。うちの場合はシラスから出荷まで一貫作業で、年内に終わらせるから歩留まりがいいわけ」

もちろん、それなりのリスクもある。シラスウナギの漁期は十二月から四月までだが、捕れる時期によって相場が大きく変わり、シーズン初めはどうしても高くなりがちだ。周年なら二月でも三月でも、安くなる時期まで待つことができるが、単年では、高値で買ってでも年内に池入れしないと、翌年夏の出荷に間に合わない。そうなれば死活問題である。「昔のは氷が張るような池でも元気だったけど、最近のうなぎは温室育ちだから、外じゃ冬を越せない。もし生き残っても、身が固くて、まず商品にならないね。柔らかい物が好まれる時代だから」と鈴木さん。

露地池では病気の発生に対しても普通以上に気を使う。被害が一気に拡大する恐れがあるからだ。異変を発見した際、ハウス池なら二時間もあれば水を新しくできるが、一五〇〇坪の露地池の水量は五〇〇〇トン以上。全て入れ替えるのに、最低三日はかかる。だから、水質のチェックは常に欠かせない。酸性雨の翌日は注水量を増やして薄めるといった具合に、日々変化する自然環境への的確な対応も必要になってくる。

さらに、露地養殖では作業の人件費も余計にかかる。うなぎの取り上げは地引き網方式でやるが、片側に三人、最低でも合計六人の力自慢が必要だ。一方、ハウス養殖の場合は四人で事足りる。面倒なら池の栓を抜くだけでもいい。

しかし、幾多のデメリットを抱えつつもなお、鈴木さんは今のやり方を変える気はないという。露地養殖にこだわる一番の理由は、良質の餌をたっぷり食べて育った天然物に近いうなぎを、安定して作れるからだ。

露地養殖うなぎとハウス養殖うなぎでは、見た目からして異なる。育つ環境がまるっきり違うためだ。まず、露地池はハウス池に比べて圧倒的に広いから、単位面積当たりの飼育尾数に雲泥の差がある。都会の満員電車と田舎のバスのようなものだ。

また、露地池は広いので水の流れも緩やかだが、水車によって強い水流が生じているハウス池では、うなぎは流れに逆らい、半強制的に泳がされることになる。

「ハウスから露地に移ると、本当に嬉しそうだよ。同じ餌なのに喰い方がまるっきり違う。狭い中じゃ、やっぱりストレスが溜るんだろうな」と鈴木さん。不思議なことに、同じ飼育期間でも、ハウスより露地の方が寸法が長くなるという。のびのび育つからだろうか。

肉質をひとことで表現するなら、コクのある霜降り肉のイメージ。露地うなぎのおいしさが注目され、近年、各方面からの需要が増えているそうである。

最盛期の勢いが衰えてしまった浜名湖の養鰻業だが、鈴木さんは次の時代を見つめている。「以前、大手の製鉄会社が排熱を利用して養殖鰻の量産化を試みたけど、結局、無理だった。生き物が相手だからね、コンピューターだけでコントロールできるもんじゃないよ。だから、我々も生き残っていられるんだ」

先人が作った浜名湖というブランドに、個々の生産者が「職人」としての味を積み重ね、付加価値をつけていく。浜名湖うなぎが生き残る道はこれしかないと、鈴木さんは断言する。そして、他地域との差別化を考えるなら、休眠状態になっている露地池の再利用が一番の近道だ、とも。

水を張った鈴林養魚の養鰻池

取材協力／鈴林養魚

ピリッと山椒コラム

うなぎと梅干し食い合わせの謎

　昔から、食い合わせの悪いものの代表に挙げられる「うなぎ」と「梅干し」。一緒に摂ると下痢や食中毒を起こすなどと言われるが、もちろん、これは迷信である。そもそも、現在では「食い合わせ」という概念自体、医学的根拠がないというのが常識。

　うなぎも梅干しも刺激が強い食品なので、胃腸の弱い年輩者や乳幼児は注意するに越したことはないが、普通の健康状態であればなんら問題はない。

　では、なぜこんな迷信が生まれたのか。

　梅干しのサッパリ感が食欲を増進させるため、うなぎを食べ過ぎて腹痛などを起こさないよう配慮したとか、うなぎは当時から贅沢品で、梅干しも紀州産などは高級品だったため、贅沢を戒める教訓だったなど、その背景には数多くの見解がある。

　実際には、富山の薬売りが訪問先にサービスで配っていた「食い合わせの図表」に描かれていたことから一般に広まったらしい。この図表のルーツと言われているのが江戸前期の福岡藩士、貝原益軒が記した「養生訓」。生活上で心得ておくべきことを説いた教訓書で、避けるべき食い合わせなどが記されている。

　ところが、実はその中に登場するのは「うなぎ」と「銀杏」なのだ。一説によれば、「食い合わせの図表」の発案者だった薬売りは、残念ながら絵心がなく、銀杏を描いたつもりが、いつの間にやら梅干しと勘違いされてしまったとか。確かに、言われてみれば形状が似ていなくもないが……。もちろん、うなぎと銀杏を一緒に食べても、異変は起きないのでご安心を。

激動の時代を乗り越えて
──吉田うなぎ奮闘記──

浜名湖と並び、うなぎの産地として名を馳せる吉田町。その養鰻業の歴史は、大正十一年、久保田恭氏による「川尻養魚組合養魚場」の創設まで遡る。

当時、吉田川尻地区には、冷たい地下水が浸透する低収穫の水田が広がっていた。第一次世界大戦後、遠洋漁業の賃金が高騰すると、農業を捨て、焼津方面に出稼ぎに行く者が続出。地元は寂れる一方だった。そこで、久保田氏は浜松で盛んになりつつあった養鰻業に注目する。調査の結果、ここが養鰻に最適であることを確信するのである。

川尻地区は荒廃田が多いため地価が安かった。地下水も豊富で、原料となる稚魚も近くの川で大量に捕れる。さらに、うなぎの飼料の入手も容易だった（川尻では、主に、焼津から供給されるイワシやカツオの頭または頭部などを飼料として使ったようである）。また、東京・大阪の二大消費地へ鉄道便で運搬できるなど、地理的条件も備えていた。

久保田氏に続き、翌年以降、養鰻池が次々と造られた。大正十五年には、「焼津うなぎ」として東京市場に出荷されるようになった。

戦前最盛期の昭和十五年には、池面積百二町歩（百二万平方メートル）、生産高三十七万貫（約一三八八トン）に到達。その後、第二次世界大戦の影響で養鰻池は水田に姿を変え、昭和十八年には全面休業となったが、終戦を迎え、淡水魚の価格統制や飼料用鮮魚統制撤廃をきっかけに、養鰻再開の気運が高まった。同年十二月には「榛原養殖漁業協同組合」が設立。以後、養鰻関係貨物専業の「榛原

餌場風景（昭和初期）

自動車」の設立や、新型冷蔵庫の完成、昭和二十九年には水中に酸素を送るための撹水機（水車）が導入され、池面積当たりの生産量が向上し、業界の規模も飛躍的に拡大していった。

途中、台風による高潮で大井川の濁流が川尻全域に流入し、うなぎが流出するという試練もあったが、昭和四十年には全国生産量（約一六〇〇〇トン）の三割を占めるまでになった。

順調に生産高を伸ばし、浜名湖と肩を並べるまでになった吉田地区だったが、その先には大きな落とし穴が待っていた。昭和四十五年の冬以降、それまで知られていなかった新種の魚病「えら腎炎」の流行で、大打撃を被るのである。とりわけ発生初年の被害は甚大で、被害量は九一〇トンに上った。これは年間生産量の六割に相当する。

当時の養鰻は露地で行われ、水温の低くなる冬期は休餌していたが、その後の研究で水温を上げれば冬場の病気を予防できることが判明。これをきっかけに加温式によるシラスウナギの自家養殖が急速に普及する。当初は露地池を直接加温する方法もとられたが、第一次オイルショックの影響もあり、燃料費をセーブできる「ハウス加温式」が定着。昭和五十年代までは夏場は露地池、冬場のみハウス池収容という形態が多かったが、その後、十年近い試行錯誤の期間を経て、ハウス池を周年利用してシラスウナギから成鰻まで一貫養殖するスタイルが広まった。

昭和30年頃の初荷出荷風景

しかし、昭和四十四年をピークに、吉田地域の養鰻業の規模は徐々に縮小していった。「えら腎炎」による経済的打撃から復活できず、ハウス養殖への設備投資を諦め、廃業に追い込まれる人が跡を絶たなかったのだ。一方、太平洋沿岸地域を中心に、養鰻産地は全国的な広がりを見せ始めていた。輸入活鰻も増加の一途を辿り、商品の相場が下落。これらの要因が、吉田の養鰻業の低迷に追い討ちをかける形となった。

その対策として、昭和六十年頃から、味に特徴のあるうなぎ作りを試みる人たちが現れたが、課題も多く定着するには至らなかった。平成元年には白石嘉男氏（現丸榛吉田うなぎ漁業協同組合・代表理事組合長）を中心にしたグループが、「スーパー鰻（マン）」のブランド名でミックス給餌うなぎを売り出し、一時は安定供給を軌道に乗せたが、流通の壁に阻まれ断念。また、平成三年には、昔ながらの露地池で生魚だけを与えた高品質のうなぎを「純生鰻」のブランド名で売り出し、当時の味を知る老舗蒲焼き店などから絶賛されたが、これまた安定供給とコスト面から継続するには至らなかった。

「スーパー鰻」のロゴマーク

国内新興地の台頭と、輸入品による相場の低迷というダブルパンチで厳しい状況が続く中、吉田地域のうなぎ生産量は、最盛期の一割程度にまで減少した。業界関係者は、現実の厳しさをまざまざと見せつけられている。しかし、良質の環境と高い技術に支えられた「吉田うなぎ」ブランドが、本物の味を知る消費者から、今なお強い支持を得ていることも確かだ。

このアドバンテージを最大限に生かすべく、現在、丸榛吉田うなぎ漁業協同組合では、さまざまな取り組みを行っている。そのひとつが、シンプルイズベストを基本に、美味しくて安全なうなぎ作りを目指す「吉田産良質うなぎ研究会」の発足。毎週日曜には、小山城前広場で開催される楽市で、生産者による蒲焼きの直売を行うなど、吉田うなぎの普及に努めている。

歴史あるうなぎ産地としての威信と誇りをかけ、次代へと続くステップを踏み出すための模索は続く。

取材協力／丸榛吉田うなぎ漁業協同組合

ピリッと山椒コラム

うなぎ好きならお参りを
世にも珍しいうなぎ観音

浜名湖の南に位置する浜松市舞阪町乙女園には、うなぎの霊を供養する「魚籃観音大菩薩像（ぎょらんかんのんだいぼさつぞう）」が祀られている。昭和十一年に浜名養鰻組合の建設委員が発案し、全国各地の養殖業者の賛同を得、翌昭和十二年に建立した御影石製の像で、身の丈三・三メートル、重量六・八トン。地元では「うなぎ観音」の名で親しまれ、毎年八月二十四日には、その年に殺生されたうなぎを弔うため関係者が集まり、しめやかにうなぎ供養が営まれる。ちなみに、浜名湖の養鰻業が全盛期を迎えた昭和三十年代には、弁天や浜松の芸者衆を招集して、昼間からどんちゃん騒ぎをしたそうだ（鈴林養魚・鈴木氏談）。

浜名湖畔のうなぎ観音

また、養鰻が盛んな吉田町の大幡川の畔にも、うなぎの入ったカゴを提げた魚籃観音が祀られている。こちらは浜名湖のものより小ぶりで、慈悲深い穏やかな表情が印象的だ。御本尊は天和二年（一六八二年）に川尻の海岸に流れ着いたと伝えられ、成因寺に安置されている。供養祭は毎年九月に開催。

うなぎ好きの方は、日頃の感謝と追悼の意を込めて一度足を運んでみてはいかがだろう。

吉田町のうなぎ観音

愛情飼育でうなぎ本来の美味しさを
——養鰻場探訪・大井川町——

昭和四十年代以降、ハウス養殖の普及や国内外の養鰻場の急増により、業界全体の生産力が底上げされた。真冬でもうなぎが出回るようになると、多くの養鰻業者は、さらなる消費の拡大を図るべく、低コスト化の方向へと突き進んだ。しかし、中には頑固親父のように初心を貫く生産者もあった。そのひとつが、昭和三十年創業の「株式会社　共水」である。

うなぎ本来の美味しさを第一に考え、常に品質研究を行ってきた同社は、コストダウン優先で品質が低下することを何よりも嫌った。

同じ頃、東京日本橋をはじめとする老舗蒲焼き店の間でも「最近のうなぎは味がいまひとつ。このままでは、日本人のうなぎ離れが進む」と、不安がささやかれ始めた。その声はやがて、「高くても構わないから、本物の美味しさを持ったうなぎを育ててほしい」との要望に変わる。そこで白羽の矢が立ったのが、同社の先代が手塩にかけた幻のブランドうなぎ「共水うなぎ」だった。

長年の研究成果である「共水うなぎ」は、昭和五十八年に養殖特選ブランドのパイオニアとして認定された。その飼育方法は、一般の養鰻場と大きく異なっている。「餌に何か添加すれば美味しくなるだろうという考え方ではなく、ストレスをかけない自然に近い環境をつくり出し、うなぎ本来の力を引き出すことに重点を置いています」と社長の片岡征哉さん。

種苗となるシラスウナギは東海沿岸で捕れたもののみを厳選し、平均十五カ月（十～二十四カ月）かけて

漬場でうなぎを見る片岡社長

成魚まで育てる。ハウス養殖の場合、最短六カ月で出荷サイズにできるというから、随分のんびりした話だ。片岡さんによれば「長い飼育期間を通して、天然うなぎと同じように何度も環境変化を経験させます。そうすることで、弱いうなぎが淘汰され、健康で美味しいうなぎだけが育つわけです」。経営効率優先の視点からは、思い浮かばない発想である。

　場内四カ所に設けた地下百二十五メートルの井戸からは、養鰻に適した大井川の伏流水がたっぷりと自噴している。餌は厳選された最高級のホワイトミール。池の底に敷く山土は遠赤外線の効果がある特別な砕石土を使う。池当たりの飼育匹数を制限し、換水作業や池の清掃、水質検査、魚体検査も毎日行うという念の入れよう。養殖過程において、自然界に存在しない薬品類を一切使用しないという点にも注目したい。

　さらに、何にも増して大切なのは「飼育する人間の愛情ですね」と片岡さん。うなぎとコミュニケーションがとれないと、彼らに大きなストレスが溜まるという。同社では二十四時間場内をチェックし、少しでも変化があれば即対応できる体制を整えている。片岡さんは「先代は『愛情飼育』なんて言葉で表現していましたね。年輩のベテラン職員が池に入ると、うなぎが近寄ってきて嬉しそうに掌に上るしぐさをしますよ」と笑う。工場長は住み込みで働き、シラスウナギの飼育時には、ハウスの中で一緒に寝泊まりすることもあるという。まさに、子育て感覚である。

　成鰻は週に一度、池から取り上げ、注文に応じて毎日出荷する。養殖鰻の年間生産量は、一般的に二〜三名で一〇〇トン前後とされているが、同社は八名の従業員で八〇トンというから、一尾にいかにコストをか

愛情が大切です、と片岡社長

うなぎの飼料も特注品

けているかわかるだろう。

さて、その丹精込めて育てた「共水うなぎ」を、実際にいただいてみた。白焼きを前にして、まず、目が止まるのがその長さ。短期間で集中して餌を与えたうなぎは、体重の増加分が太さに変わるからデブになる。一方、じっくり長期飼育されたものは、体重に比例して身長も増すので、スタイルが良いのだ。

箸でつまみ、鼻を近付けると、花の蜜のようなほのかに甘い香り。一口ほおばれば、厚みたっぷりの弾けそうな食感。蒸していないのに皮までふっくら柔らかく、噛んでいると、魚肉全体に広がった脂肪の層がとろけ、独特の甘味が広がってくる。それでいて、口残りはあっさり。最高級の天然うなぎに近い味わいである。

長年のノウハウを結集したハウス養殖池

栄養面でも、一般養殖うなぎとの差は歴然だ。美味しさの元である脂の含有率は、約二五パーセント。健康に良いといわれる高度不飽和脂肪酸で、脳の働きを活性化させるDHAは一般うなぎの五~六倍、動脈硬化を抑制するEPAは三~四倍も含まれている。人体に欠かせない必須アミノ酸の割合も総じて多い。

同社では、商品に対する誇りと、トレーサビリティー（食品の生産、製造・加工、流通段階における履歴情報の管理）の観点から、仲買問屋を通さず、信頼のおける一流うなぎ店と直接契約している。単発的になりがちなブランドうなぎを、常時安定供給できるノウハウがあればこそのスタイルだ。

現在、静岡県内で「共水うなぎ」を食べられるのは三店舗。うなぎは昔の方が断然旨かった……とお嘆きの方は、ぜひ、足を運んでみることをおすすめする。

※共水ホームページ　http://plaza.across.or.jp/~seiya-k/

取材協力／株式会社　共水

ピリッと山椒コラム

比べてなるほど！ 関東風・関西風はお好みで

うなぎの調理法には、関東と関西で大きな違いがある。裂きかたひとつでも、前者は背側から、後者は腹側からといった具合だ。武士の町であった江戸では切腹に通じるからと嫌って背開きに、商人の町である大阪では手早くさばける方法ということで腹開きになったといわれている。なお、関東でも当初は腹から裂いていたようで、寛政年間（一七八九～一八〇一）になって背から裂くようになったという。※参考文献「天ぷら・うなぎ」（旭屋出版）より。

焼き方に関しては、関東風は短い竹串に刺して白焼きにした物を一度蒸し、仕上げにタレをつけて焼く。関西風では長い金串で白焼きにし、蒸さずに直火で本焼きする。このため、関東風は身が蒸されてやわらかくなり、あっさりとした仕上がりに、関西風は肉の歯ごたえと、脂の旨味がしっかり感じられるワイルドな仕上がりとなる。ちなみに、タレは関東がきりっと甘辛、関西はやや甘味の強いどっしりタイプ。

関東風・関西風の境界は明確に線引きはできないが、浜松から豊橋にかけてのエリアだといわれている。面白いことに、浜松を含む県西部には「背開きで蒸さない」という、東西混合の「浜名湖風」で提供しているうなぎ店も多い。タレに関して言えば、やや甘口の関西系が多いようだ。

味の好みは人それぞれだが、機会があれば浜松まで出向いて、関東風・関西風の食べ比べをしてみるのも面白いのでは。

●コラムの中のミニコラム〈まむしとうな丼〉

大阪のうなぎ屋では「まむし」を食べさせる。こう聞くと、静岡県人は一瞬、ギクリとするだろう。しかし、もちろん蛇のことではない。関西地方ではうな丼のことをこう呼ぶのだ。見た目は関東風とちょっと異なる。うなぎは一番上にのせず、ご飯の間にはさみ込み、そこにタレをたっぷりとかけていただく。語源としては「鰻飯（まんめし）」と呼んでいたのが「まめし」→「まむし」と変化した、あるいは、ご飯の熱で間（ま）に入れたうなぎが蒸される（むし）から、「まむし」になったなど諸説ある。

食べれば神罰？ 名水育ちのうなぎ
―三島うなぎ伝説―

県東部を代表するうなぎの町、三島。浜名湖や吉田のように養鰻業が栄えたわけではないが、市内には老舗のうなぎ店が軒を連ね、賑わいをみせている。

当地は古来より水の都と称されていた。市内を流れる湧水は、江戸川柳に「三島女郎三国一の化粧水」と詠まれるほどの名水。ミネラルや二酸化炭素を多く含み、洗顔に使えば肌がスベスベするといわれている。

三島のうなぎ店は、この水をふんだんに使う。活うなぎが入荷すると、井戸水などに一～二日間ほど晒すのが一般的だが、当地では一週間近く「化粧水」で泳がせてから調理することが多い。余分な脂が落ち、身が引き締まって、風味も格段に良くなるからだ。さらに、この水で米を炊くとふっくら仕上がり、料理に使えば素材本来の旨味や風味を引き出してくれるという。

ところで、今でこそ名店がひしめく三島だが、実は

三嶋大社内の神池

三嶋大明神を祭る三嶋大社本殿

明治時代まで、うなぎを一切食べない地域があったのだ。その昔、三嶋大社の周辺を流れる川には、よく肥えた天然うなぎが多数生息していた。「東海道名所図会」や「和漢三才図会」にも記されているが、川べりで手を叩くとうねうねと集まってきたという。しかし、地元では、これを三嶋大明神の使者として崇め、禁漁にしていた。徳川二代将軍秀忠が三島に泊まった際、事情を知らない家臣が大社内にある神池のうなぎを捕って食べてしまったそうだが、哀れこの人、秀忠の命で磔（はりつけ）にされたという言い伝えがある。

では、そこまで崇めていた「うなぎ様」を今日のように食べるようになったきっかけは、何だったのだろう。疑問の答えとなりそうな伝説が残っている。

舞台は、三嶋大社の南方に位置する、梅名地区の右内神社。別名「うなぎの宮」とも呼ばれ、下田街道を挟んだ反対側の左内神社と共に、三嶋大社の御門の守護神とされている。江戸末期までは、大社の社人（雑務係の下級神職）が毎月一回参拝を行っていたという。

右内神社の境内にある「うなぎの池（別名・宇米都

上／右内神社の本殿

右／現在のうなぎの池

ピリッと山椒コラム

うなぎの財布で人生うなぎ上り！

うなぎの皮は「イールスキン」と呼ばれ、韓国の伝統工芸品として知られている。ヌメヌメとした感触を想像してしまうが、手触りはいたってソフト。もちろん、においもない。使い込むうちに掌にしっくりと馴染むようになり、ツヤも出る。薄手ながら耐久性に優れているので、財布などに加工されることが多いようだ。

うなぎは古くから、不意の凶事を阻んでくれる生き物とされ、その皮で作った財布を持っていれば金運がつくとも。

県内では、東名高速浜名湖サービスエリアや、ＪＲ浜松駅などで販売している。

うなぎ皮の小銭入れ

の池）」は、かつて約二反歩（約二十アール）ほどの広さがあり、清水がこんこんと湧き出していたという。冬になると、三嶋大社から梅名川を下って、この池にうなぎが集まった。しかし、里人は先のような理由でこれを捕ることはなかった。食べれば神罰で「首長で髪の毛がない、うなぎのような子どもが生まれる」というから、恐ろしくて手は出せない。

ところが、幕末、当地に薩長軍が訪れた際のこと。兵士たちはスタミナをつけようと、何のためらいもなくこのうなぎを食べてしまった。徳川家の力が衰えていたことは幸いである。

地元の人は事の成行きを見守った。が、どれだけ経っても、うなぎ人間が生まれる気配はない。どうやら、食べても大丈夫らしい。そんな噂が広まり、やがて皆が捕り始めたという。

現在、池にはわずかな水量が残っているだけで当時の面影はない。肝心のうなぎの姿も、残念ながら見当たらない。三島の名水で育った天然物は、さぞや美味しかったことだろう。

弥次喜多垂涎、日本一の蒲焼き
―柏原宿・浮島沼うなぎ―

今でこそ、うなぎといえば浜名湖や三島が有名だが、実は江戸時代には、日本一と絶賛される天然うなぎの産地があった。吉原宿と原宿の中間、現在の富士市田子の浦にほど近い間宿（※）「柏原」である。

この付近には「浮島沼（別名を不二の沼）」という湿地があり、ここで捕れるうなぎは極上の品だったとされる。十返舎一九の「東海道中膝栗毛」をはじめ、大田蜀山人（南畝）の「改元紀行」、浅井了意の「東海道名所記」などにもその旨が記されているから、当時はかなり有名だったのだろう。高力猿猴庵の見聞絵図集「東街便覧図略」には「柏原の鰻屋」のタイトルで版画が残っている。

柏原には「浮島沼」のうなぎを食べさせる茶屋が十軒近くあり、旅人たちで大いに賑わっていたという。霊峰富士を眺めつつ、絶品のうなぎをほおばれば、旅の疲れも即座に吹き飛んだことだろう。

しかし、明治時代になって鉄道が開通すると、歩きの旅人はほとんどいなくなり、街道筋のうなぎ屋は軒並み廃業に追い込まれた。また、後年、この地域では製紙業が発展して水質汚染が加速し、浮島沼のうなぎをはじめ付近の河川の魚も激減する。

残念ながら、現在、柏原には当時のうなぎ屋は一軒も残っていない。文字通り幻のうなぎになってしまったわけである。

※間宿／宿と宿の間に設けられた休憩所。杖を立てて休む場所という意味から「立場」とも呼ばれた。泊まり客は少なく、昼食を食べさせる店が主。うなぎを肴に地酒を一杯、という旅人も多かったようである。

東海道五拾三次・原（富士山の手前に見えるのが浮島沼。右は愛鷹山）

まだ飯も　くはず沼津を　うち過て
ひもじき原の　宿につきたり

（中略）

今くひし　そばは富士ほど　山もりに
すこしこころも　浮島が原

それより新田といへる立場にいたる。ここは鰻の名物にて、家毎にあふぎ立つる蒲焼の匂ひに、二人は鼻の先をひこつかして

蒲焼の　にほひを嗅ぐも　うとましや
こちら二人は　うなんぎの旅

―東海道中膝栗毛より―

三島で金を盗まれた弥次喜多は、侍に財布を売って得たわずかの路銀を持って原に入り、大盛りそばを食べて一服。その後、浮島が原を通過するが、残念ながら、名物のうなぎはおあずけ。匂いをかいだだけで、次の吉原宿に向かうのだった。まことに「難儀（なんぎ）」な旅である。

うなぎなんでもデータ DATA

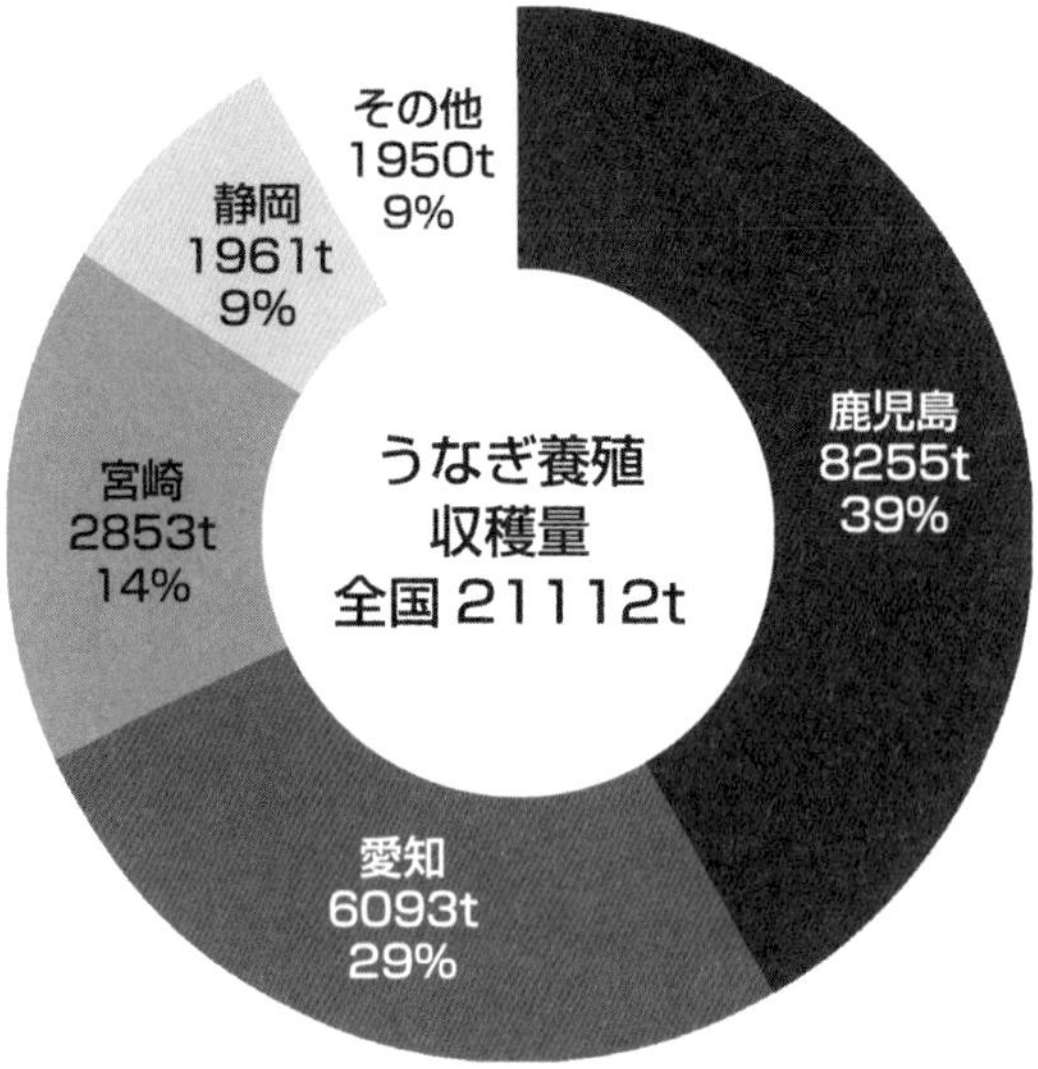

都道府県別うなぎ養殖収穫量（平成14年）

農林水産省「漁業・養殖業生産統計年報」より

外でよく食べる うなぎ料理ベスト10

1位 うな重…62.0%

2位 うな丼…15.4%

3位 ひつまぶし…7.4%

4位 肝吸い…7.4%

5位 うなぎ白焼き…7.0%

6位 うなぎちらし…3.3%

7位 うまき…3.3%　8位 うなぎ茶漬け…2.3%

9位 うな玉重…2.1%　10位 うな玉丼…1.8%

生活情報センター編集部・編「日本人の食生活を読み解くデータ総覧2004」より

うなぎのかば焼き 都道府県庁所在市別 1世帯当たり支出金額（平成16年）

名古屋市	6,053円
京都市	5,791円
大津市	5,586円
和歌山市	5,209円
奈良市	4,891円
横浜市	4,773円
神戸市	4,546円
東京都区部	4,541円
大阪市	4,518円
津市	4,368円
川崎市	4,325円
宇都宮市	4,278円
岐阜市	4,261円
静岡市	4,074円
徳島市	3,991円

総務省統計局家計調査より

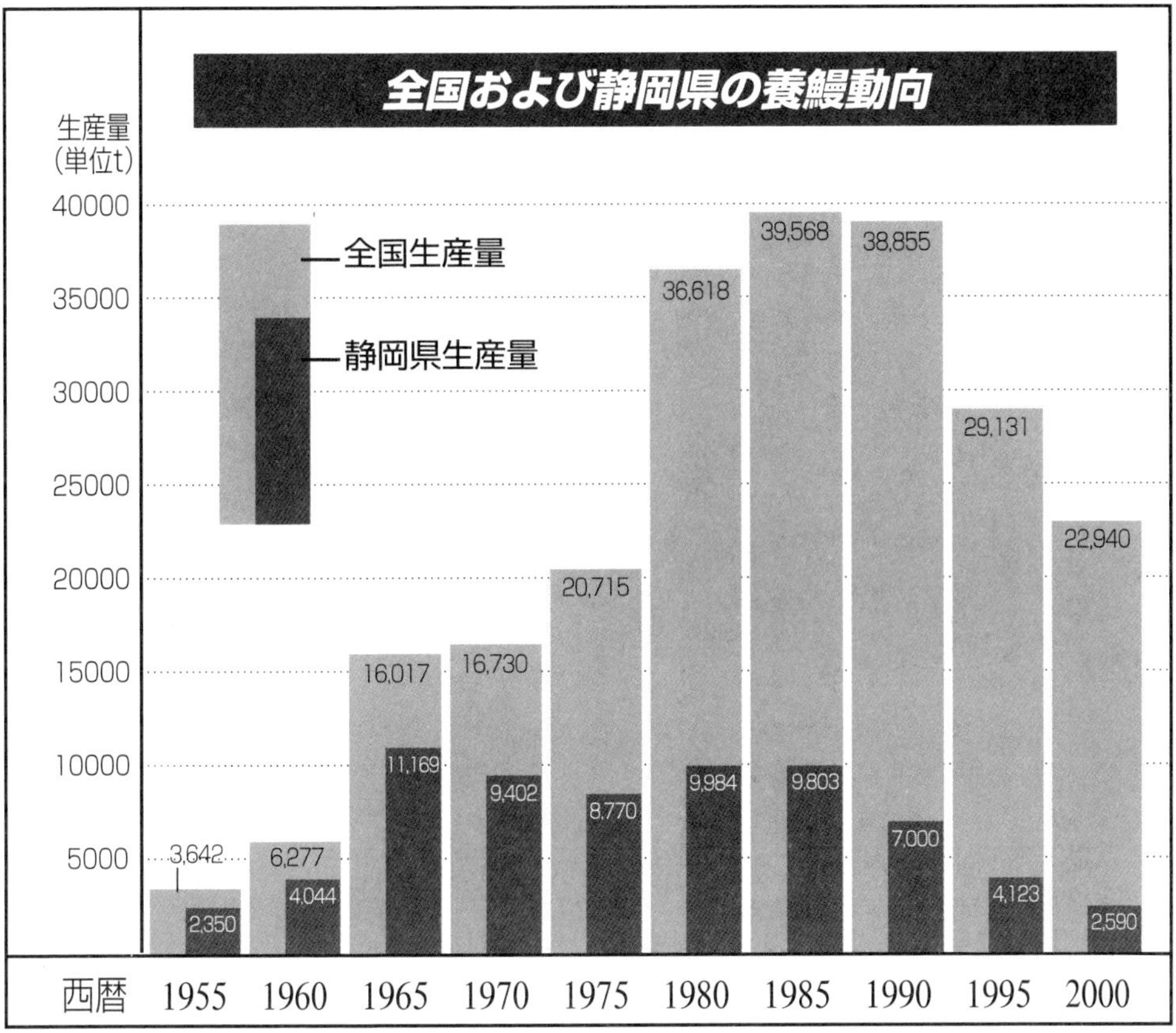

丸榛吉田うなぎ漁業協同組合「吉田地域　養鰻八十年史」より

日本におけるうなぎの需給（単位：t）

	1998年	1999年	2000年	2001年
国内養殖鰻生産量	21971	22836	24118	22940
天然鰻漁獲量	860	801	765	677
活鰻輸入量	13033	11628	14356	17375
加工鰻輸入量	80003	87257	109712	106747
総供給量	115867	122522	148951	147739
卸売価格（kg当たり）	2,256円	2,063円	1,294円	1,255円

生活情報センター・編
「さかなの漁獲・養殖・加工・輸出入・流通・消費データ集2003」より

シラスウナギの相場 1kg当たりの 最高値・最安値 （1980年～2000年）

最安値／1981年
価格幅 2～15万円
最高値／1999年
価格幅 14～109万円

丸榛吉田うなぎ漁業協同組合「吉田地域　養鰻八十年史」より

おまけ

古今東西うなぎのことわざ

●岩の下にうなぎがいる

深いたくらみや陰謀がある、得体の知れない危険があるという例え。フランスのことわざ。ちなみに、フランス語のanguille=「うなぎ」は、ラテン語のanguilla=「蛇」から出ている。

●うなぎに荷鞍

ヌルヌルしたうなぎの背に荷鞍（にぐら）を乗せても安定しないことから、のらりくらりとして要領を得ないの意。とりとめのないこと。

●うなぎの頭の水を飲むよう

死に瀕してなかなか死なないこと。胴体を切り落とされたうなぎが口をパクパクさせて水を飲むようにみえることから。

●うなぎの皮を尻尾からむく

ことの本末を逆転させること。

●うなぎの木登り

できるはずがないこと、あり得ないことの例え。

●うなぎ屋のすっぽん

ヌルヌルのうなぎですら、プロの手にかかれば逃げられない。まして、すっぽんなど逃げられるはずもない、との例えから、どんなに努力をしても逃れることはできないの意。

●うなぎの寝床

間口が狭く、奥行きのある長細い土地や住まいを指す言葉。江戸時代には間口の広さに応じて課税されたため、こういった家屋が多かった。

●うなぎの夫婦

うなぎは成長すると、雌の方が雄よりも太く、長くなることから、痩せた夫と太った妻の組み合わせを揶揄した俗語。

●うなぎ登り

うなぎをつかむと上へ上へと登るため、物価、温度、成績などが急激に高騰することの比喩に使う。立身出世の例えにも。

●うなぎは滑っても一世、ハゼは飛んでも一代

どんなにあがいても、人は与えられた天分以上のことはできない、または貴賤の区別なく一生は一生であるとの意。

●うなぎを裂くに鯨の刀を用いる

大袈裟なこと、事の処理を面倒にすることの例え。

●うなぎを膝で折る

不可能なことをするの意。

●火事の話に逃げうなぎ

火事と逃がしたうなぎの話は大きくなりがちなことから、事実より大袈裟なことの例え。

●土用のうなぎ・丑の日のうなぎ

死ぬ運命に置かれた者。「まな板の上の鯉」と同意。

●山の芋うなぎとなる

山芋（じねんじょ）がうなぎになるような、ありえないことの例え。

●山の芋うなぎとならず

「山の芋うなぎとなる」の逆。世の中には山芋がうなぎになるような突拍子もない変化はない。

●山の芋を蒲焼きにする

うなぎにもなっていない山芋（「山の芋うなぎとなる」参照）を蒲焼きにするところから、早計甚だしいことの例え。

●レンコンの穴にうなぎ

不釣り合いなことの例え。

■出典・参考資料
「ことわざ便利辞典」丹野顯著・日本実業出版社
「世界の故事・名言・ことわざ」自由国民社
「釣りと魚のことわざ辞典」二階堂清風編著・東京堂出版
「故事ことわざ新辞典」三興出版
「日本国語大辞典　第二版　第二巻」小学館

参考資料

書籍

「浜名湖うなぎ今昔物語」相曽保二著　日本図書刊行会
「食考　浜名湖の恵み」静岡新聞社編
「吉田地域養鰻八十年史」丸榛吉田うなぎ漁業協同組合
「浜名湖における漁撈習俗Ⅱ　浜松市・雄踏町・舞阪町」静岡県教育委員会
「新訂　東海道名所図会（下）　駿河・伊豆・相模・武蔵編」秋里籬島原著　ぺりかん社
「丑鰻考」遠山英志著　青森県文芸協会出版部
「鰻養殖業の経済学」大塚秀雄著　農林統計協会
「うなぎを増やす」廣瀬慶二著　成山堂書店
「江戸の衣食住」三田村鳶魚著　青蛙房
「日本国語大辞典　第二版　第二巻」小学館
「角川古語大辞典　第一巻」角川書店
「静岡県水産業の動向」静岡農林統計情報協会
「しずおかの『食はいま』」静岡農林統計情報協会
「お江戸の意外な生活事情」中江克己著　ＰＨＰ文庫
「東海道たべもの五十三次」鈴木晋一著　平凡社

ホームページ

うなぎミュージアム　http://www.hamanako.com/unagi/
コジマヤ金指本店　http://www.e-kojimaya.co.jp/index.html
コジマヤ金指本店・うなぎ百科　http://www.e-kojimaya.co.jp/unagi100/index.html
元祖うなよし　http://www.unayoshi.co.jp/
静岡農林統計情報協会　http://www7.ocn.ne.jp/~aafs/
浜名湖養魚漁業協同組合　http://www1k.mesh.ne.jp/maruhama/
共水　http://plaza.across.or.jp/~seiya-k/
丸榛吉田うなぎ漁業協同組合　http://www.tokai.or.jp/maruhai/annai/annai.htm
静岡県水産試験場浜名湖分場　http://www11.ocn.ne.jp/~hamanako/
浜松うなぎ料理専門店振興会　http://www.ens.ne.jp/~unasen/
日本養鰻漁業協同組合連合会　http://www.wbs.ne.jp/bt/nichimanren/
日本養殖新聞　http://www.seaworld.co.jp/~nys/
中央水産研究所　http://ss.nrifs.affrc.go.jp/
金太郎　http://web.thn.jp/kinta/
梅いちばん　http://www.ume1.com/
ざ・うなぎ横丁　http://www.izuhakone.co.jp/guide/asp/topix/misima/unagi/index.htm
黄表紙　http://kibyou.hp.infoseek.co.jp/
うなぎ情報館　http://www.geocities.co.jp/WallStreet/2654/unagihome.htm

索引

■取材スタッフ
清水哲也・太田尚代・白木由美・堀井理恵
■表紙装丁
中谷稔孝

どうまい静岡うなぎ

2005年7月15日初版発行
著者／静岡新聞社
発行者／松井純
発行所／静岡新聞社
〒422-8033　静岡市駿河区登呂3-1-1
電話　054-284-1666
印刷・製本／中部印刷
ISBN4-7838-0756-6 C0077